PRÓLOGO
por José Cueli

La Doctora Victoria Castañón de Antúnez es maestra de generaciones de psicoanalistas y terapeutas familiares y de pareja y vive en permanente labor imaginativa ante el dolor psíquico. Pasión a la que agrega la estructura que adquirió en una vida entregada a sus pacientes.

Este libro, "Pareja, Trauma y Edipo", alerta al daño psicológico que suele acompañar las rupturas de parejas y nuevas relaciones realizadas con poca sensatez y bajo la influencia distorsionada de un anterior fracaso. En especial se hace énfasis en el dolor que sufren los hijos víctimas de parejas mal avenidas.

Es mi interés en el tema las causas del incremento de separaciones (divorcios en clase media y alta, separaciones en la clase baja y la llamada marginal) derivadas, según mi criterio y entre otros factores, en aspectos transgeneracionales como fue la Conquista de México que se distinguió por la crueldad que lleva a duelos no elaborados que se repiten laboralmente o con la pareja (ver los temas de abandono en la canción mexicana de ayer y hoy).

Estas peculiaridades de nuestra idiosincrasia se enfrentan al mundo que nos ha tocado vivir, y particularmente a la generación actual, tanto en lo que se refiere a lo político, lo económico y lo afectivo expresado en la intimidad.

No resulta fácil en el amor desprenderse de los prejuicios que adquirieron compostura de virilidad, esconden hambre de afecto y explican la unión del hombre "macho" y mujeres sumisas que día a día dejan de serlo.

La mujer dejó de ser la virgen -"pureza certificada"- madre, sustento histórico de un dominio totalitario. La pareja, sin saber qué actitud tomar en la lucha contra la irrupción emocional que desata amarras con la tradición y se lanza a la aventura de la infinitud, es la catástrofe del mundo cambiante en estado de transformación que rebasa los límites de la razón.

La pareja, elaborando traumas y neurosis traumáticas en un México que repite la violencia y crueldad, pierde solidez en lo que a la pareja clásica se refiere. Tratar de detener lo que se nos escapa es cosa vana. La pareja en sus dificultades espera recargar su trauma en un compañero en las mismas condiciones.

El guatemalteco Cardoza y Aragón en un recorrido transgeneracional por nuestra historia traumática puede y quizá ayude a reconocer en el pasado inconsciente los problemas derivados de traumas cuando dice: "El indígena cerró su pasado, no ha abierto su presente y menos su porvenir. El pasado no ha de volver, más sube por las raíces y colorea el grano de las espigas y la intimidad".

Símbolo de lo anterior es la esencia del espíritu prehispánico en las pirámides de Teotihuacán al llegar la primavera y cargar hijos de energía libidinal. Tiempos y espacios fantásticos que no son tangibles ni concretos, sino los del triángulo -pirámides del Sol, la Luna y la Calzada de los Muertos- que viven otra distancia de la lógica mediterránea. La ilógica-lógica indígena presente en los que luchan por desasirse del fuero y yugo que representa la "otra cultura", es ignorante de los ritos y voces silenciosas del hondo y rancio sabor campero. Silencios que comunican, que transmiten dolor pesado que se siente. Hechizo mágico al ofrendar la vida entre gritos, *ayes* de hambre. Cambio de camino en el manifestarse y caminar a partir de tiempo y espacio diferentes, singulares.

Caminantes sabedores que todos lo somos de un viaje sin regreso a un quién sabe "más allá" armónico, voluptuoso y pleno, que implica simplemente ser, perderse, como mirar al mar, al fuego o un árbol, desprenderse de sí, alejarse de lo sensible e integrarse al mundo interno en dirección contraria. Descubrir otros mundos, formas de vivir, donde dramas, tragedias y la muerte, sólo significan caminos diferentes en el viajar.

Viajes que suben a los aires. A la monumental pirámide en busca de resignación ante los golpes, vestidos con ropas blancas acompañadas por los tambores, metal agrio y agudo, mexicano y bravío, expresión del hambre indígena de siglos. Este año, en medio de la aglomeración, de aperturas y confusión, ofrecieron vidas como sacrificio indígena, que se repite una y otra vez.

Auténtica fiesta mexicana, religión y muerte, trotando por caminos entre las pirámides monumentales, esperando la muerte en caminar triste y cansado. Trotecillo imperceptible que sale de la espesura y busca la muerte. Teotihuacán triste y callado, brava silueta que corta y se asoma, cuando los caminantes de la muerte, registran "el paso a la otra vida" polvo de la tristeza, viento de cansancio, botín de hojas en los árboles, sombra esclava de la amargura de la raza.

Caminantes llenos de fe y emociones interiores, viajes que son preparación interior que florece lentamente la ascesis que busca libertad, que anula el tiempo cronométrico, que reduce el espacio mesurable al encontrar en el interior tiempos y espacios que duran y duran. Misticismo primitivo no influido por la razón, donde no existen días y noches sucesivos, ni personas, ni lugares, se anula la presencia del cuerpo. Comunicación con seres prolongación del pasado, el presente y del futuro, lo opuesto a lo sistematizado, a la electrónica, a la lógica, a la omnipotencia y al delirio de grandeza.

Raza azteca laberinto de la fantasía de antiguos templos ceremoniales pletóricos de fantasmas y sombras evocadoras de leyendas que ignoran de dónde se viene y a dónde se va, sin pasado ni porvenir, sabedora que hay más allá de esas pirámides imantadas y mágicas que limitan el horizonte de su espacio cargado de perfumes y notas de armonías lejanas.

Completa Octavio Paz en "El laberinto de la Soledad", "La historia de México es la del hombre que busca su filiación, su origen. Sucesivamente afrancesado, hispanista, indigenista, "pocho", cruza la historia como un cometa de jade que de vez en cuando relampaguea. En su excéntrica carrera, ¿qué persigue? Va tras su catástrofe: quiere volver a ser sol, volver al centro de vida de dónde un día -¿en la traumática Conquista o en la Independencia? - fue desprendido. Nuestra soledad tiene las mismas raíces que el sentimiento religioso. Es una orfandad, una oscura conciencia de que hemos sido arrancados del todo y una ardiente búsqueda: una fuga y un regreso, tentativa por establecer los lazos que nos unían a la creación".

¿Qué le resta al hombre de su dominio absoluto, sino la sombra de lo que ha sido? Esta parece ser la pregunta inconsciente del poeta a lo largo del "México en la obra de Octavio Paz". Melodía, canto y poesía lo que fuimos, somos y seremos; "Las ideas se disipan en la palabra del pensador: quedan los espectros / verdad de lo vivido y parecido/. Queda un sabor casi vacío/ el tiempo/ olvido compartido/ al fin transfigurado/ en la memoria y sus encarnaciones/ Queda el tiempo hecho cuero repartido: lenguaje". (Trauma de la conquista que se repite en la pareja).

Octavio Paz crea y recrea la vida mexicana, máscara de viejas huellas desde antes de la llegada de los españoles. Tiempo y espacio del lenguaje. Palabra que es símbolo y adquiere significado de acuerdo al contexto en que se aparece y varía con el tiempo y los espacios. Teatro dinámico, en que el vestuario, mobiliario, fascines y andares, ambientes de la época, hospitalización y lenguajes, determina la interpretación de la personalidad de los actores: la hermenéutica psicoanalítica.

La palabra en Octavio Paz es un ritmo que recoge ideas de éste y otros siglos, traducidas en obras de arte integrados de Oriente y Occidente y filosofías diseminadas aquí y allá. Fragmentos de cristal hechos miles de pedazos vueltos poesía. Labor ambiciosa que sólo el talento de Paz pudo llevar a cabo. "El canto mexicano estalla en un carajo/, estrella de colores que se apaga/ piedra que nos cierra las puertas del contacto/ sobre la tierra o tierra envejecida".

La descripción de los personajes reales o ficticios, obedece, a su vez a un escenario, dinámico, vivo, que busca la comunicación con otro, confirmador de la observación desde dentro del afuera, coincida o no con la suya. Si el contacto es diferente, la percepción del otro y su interpretación será diferente y el significado diverso.

Octavio Paz es búsqueda de la palabra del otro, sentimiento musical, nativo o cultivado que llena su obra de una íntima y lejana melodía, que da secuencia y alumbra tanto las partes que son claridad, como las que son obscuridad.

José Cueli

INTRODUCCIÓN

En la actualidad vemos en la práctica clínica la gran dificultad de las parejas para tener una vida sexual satisfactoria, particularmente después del nacimiento de los hijos en donde se observa la falta de acercamiento sexual y de ternura entre la pareja. Esto sucede debido a que la atención hacia el recién nacido desvía el interés hacia la pareja, sobre todo en las mamás primerizas. Esto repercute con frecuencia en los esposos en que ellos se refugian en su trabajo, quedándose hasta altas horas en éste o en salidas con amistades. Asimismo, en muchas ocasiones los esposos, al sentirse abandonados por sus esposas, inician relaciones extramaritales con compañeras de su trabajo.

Por otro lado, hoy en día los cambios sociales de pareja se han dado con mucha rapidez y vemos con frecuencia que las necesidades económicas han hecho que ambos cónyuges tengan que trabajar para poder sostener a una familia. Esto ha cambiado la dinámica de las parejas ya que las mujeres han tenido que recurrir a personas o a guarderías en donde les cuiden a sus hijos debido a que tienen que quedarse en el trabajo la mayor parte del día; teniendo esto como consecuencia que la convivencia en pareja es cada vez menor debido al poco tiempo y a la poca energía que les queda. Estas parejas mencionan que, debido a esto, las relaciones sexuales se vuelven poco frecuentes al grado que varias parejas jóvenes han reportado que han tardado de tres a seis meses en que no hay el menor contacto.

Freud (1910) describió una serie de características que atribuía a la mujer y que consideraba se debían a la envidia de pene y, a la falta de éste, como a un superyó débil que nunca se forma debido a que no teme la castración. Sin embargo, la mujer hoy en día, al tener una profesión y al ser económicamente independiente, ha compensado esta falta de un superyó fuerte con sus éxitos económicos y profesionales.

Tomando en cuenta lo anterior, la elección en la pareja se da de acuerdo a procesos inconscientes que es lo que se trata de especificar en este libro.

En los capítulos siguientes se hablará de los vínculos y del proceso de la vinculación, de la elección inconsciente de las parejas, de la psicología femenina y masculina como de la transmisión intrapsíquica transgeneracional, del trauma psíquico y de cómo se trasmite de manera inconsciente, en donde las parejas repiten una serie de conductas de manera inconsciente. Es muy importante por lo tanto, abordar los aspectos femeninos y masculinos de manera separada y del porqué del alejamiento psíquico y físico de muchas parejas hasta el retorno de la libido en dichas parejas.

El comportamiento sexual es un sistema que necesita incorporar dentro de sí, los modelos vinculares y de cuidado. El hecho de que una pareja tenga un vínculo seguro hace que el deseo sexual y el compromiso no sean amenazantes.

La flexibilidad en los patrones relacionales se asocian con vínculos seguros en donde la pareja tiene la suficiente confianza y puede tolerar la separación sin tener que vivir en base a la fusión. Además, ni la fusión ni la agresión en el acto sexual amenazan la seguridad o la integridad de la pareja, ya que ambos cónyuges pueden tolerarlas, gracias al vínculo seguro.

Una pareja que ha logrado llegar al Edipo, puede mantener el deseo sexual por su pareja y puede permitirse encuentros apasionados con dicha pareja sin temer al engolfamiento, esto debido a que puede tolerar las diferencias.

Capítulo I

VÍNCULOS DE PAREJA

METAPSICOLOGÍA DE LA PAREJA.

Un vínculo de pareja se construye en base a una relación con el otro pensado o imaginado. El vínculo es visto de acuerdo a Berenstein, I. y Puget, J. (2007) como una representación autoengendrada desde vivencias internas y se inscribe en un triple registro (corporal-sensorial, afectivo-deseo, lenguaje) y abarca tres niveles representativos. Esta representación la separamos de la relación objetal-objetivable. "Es una suerte de presencia incorporada en la mente, sostén vincular en ausencia y presencia del otro al que representa." (p.43)

Por lo tanto, es importante que, en pareja, se observe el cómo un vínculo se constituye a partir de tres modalidades: A) sobre un modelo corporal, previo a la palabra que no podrá ser traducido a través de la palabra y que se trasmite de forma pre-verbal. B) con un reconocimiento de la existencia de otro, pero, que su presencia está coloreada del deseo del otro, no de lo que realmente es, sino desde lo imaginario. Esto así lo consideran algunos autores como una construcción a nivel fantasmático. C) el de las palabras intercambiadas, paradigma de la comunicación. (Berenstein y Puget, 2007,p.39)

La dinámica de la pareja de acuerdo a estos autores, se basa en cuatro parámetros: tendencia monogámica, relaciones sexuales, proyecto vital compartido y cotidianidad.

El enfoque teórico de la teoría vincular consiste en diferenciar el espacio vincular, el espacio llamado del mundo interno-intrasubjetivo y el del mundo externo.

DIFERENCIA ENTRE REPRESENTACIÓN VINCULAR Y REPRESENTACIÓN DE OBJETO.

Es muy importante diferenciar la representación vincular y la relación de objeto debido a que la representación vincular se diferencia de la relación objetal.

Por otro lado, la relación intrasubjetiva se refiere a los registros en el mundo interno de objetos parciales o totales con los cuales el yo mantiene diferentes tipos de conexión, involucrando tanto relaciones indiscriminadas como las más diferenciadas en el ámbito del mundo interno.

La diferencia entre vínculo y relación intrasubjetiva es que el deseo circula en forma unidireccional, un yo deseante de otro funcionando como objeto intrasubjetivo. Al no ser otro yo externo al aparato psíquico del sujeto, no podrá ocupar sino el lugar de motivador-evocador del deseo y no tendrá una acción desiderativa, sólo factible, con el otro externo (p.37). Es así que, todo vínculo es bidireccional. (Berenstein & Puget, 2007, p.38).

La representación vincular la refieren estos autores a la dialéctica cuerpo-significante con que la pulsión se constituye en vínculo. Lleva implícito los conceptos de vínculo y pulsión. La representación vincular se da a partir de acuerdos conscientes e inconscientes como de acuerdos y pactos.

La representación del objeto, según Puget y Berenstein (1988), está compuesta de tres representaciones: una proveniente del narcisismo, otra emergente de la resolución del complejo de Edipo y otra de la representación sociocultural forjada de los ideales. Es decir, esta representación la podemos analizar desde lo real, lo imaginario y lo simbólico.

En este sentido, para Lemaire, J. (1986) lo que se espera del Objeto del amor, difiere dependiendo de lo que se espera de una nueva relación, y sobre todo, se espera que haya un equilibrio personal como una organización defensiva del Yo frente al conjunto pulsional, que según este autor, nunca será controlado por completo.

La pareja es un lugar donde se expresa lo más arcaico del ser y las manifestaciones de su inconsciente en las zonas más oscuras. Comenta este autor que cada miembro de la pareja espera del otro una función protectora como la satisfacción de algunos de sus deseos. Si esto no se logra, se produce un disfuncionamiento en su estructura.

VINCULARSE O NO

Vínculo: definido como una liga duradera que une a las personas y que tiende a la estabilidad aunque sea expuesta a vicisitudes, alteraciones, rupturas y restablecimientos. Al darse entre sujetos, produce subjetividad. Es un lugar, una porción de espacio adonde se entra o de donde se sale. Una fuente de angustia y de dolor en las parejas que se separan se configura alrededor de la idea de que se debe salir de un sitio representado por la casa, supuesto lugar estable sujeto al derecho de propiedad, como indica la ley.

Ahora bien, es posible que el punto de angustia surja de la comprobación de que no hay ningún adentro de donde deba irse ni un afuera adonde resulte expulsado. El vínculo es ese lugar donde adentro y afuera, interno y externo, se superponen y se combinan aunque se tornan indefinidos, es decir, que marcan una zona imprecisa donde el afuera, los modelos sociales de relación, está dentro del vínculo, y el adentro, los modos internos de pensar y constituir la relación, está en ese afuera en el que se inscribe la relación entre los sujetos.

Willi. J. (2004) menciona que una persona depende de la respuesta de la pareja, ya que la pareja ofrece el espacio, el refugio en el que la persona despliega sus necesidades más íntimas y que la estimulación recíproca del crecimiento personal tiene un sentido bioevolutivo desde cualquier punto de vista.

Algunas parejas con graves conflictos y sentimientos de fracaso por un proyecto interrumpido, pueden recurrir a mecanismos sumamente destructivos respecto del otro, apoyados en la fantasía de que el vínculo tiene una capacidad ilimitada de dar cabida a la violencia y destructividad. El tope en la relación con otro opera como un elemento de protección a la vez que amplía la subjetividad individual, porque se deviene sujeto de un vínculo al cual éste protege, a la vez que es protegido por él. La ley resulta ser la exteriorización de una tendencia a inmovilizar las relaciones o a verlas como inmutables.

Vincularse implica una imposibilidad aceptada o negada por los sujetos y que tiene que ver con la amenidad. La posibilidad de convertir lo ajeno del otro en familiar o de ampliar el territorio de lo propio, lo cual hace que se crea posible lo que es inaccesible.

El vínculo puede perder su constitución y convertirse en una forma que, al estar a la espera de ser llenado de significación y de acciones propias, se transforme en vacío de relación, que perpetúa al sujeto en su forma de ser y hacer sin permitirle devenir sujeto de la situación vincular. La vivencia de vacío vincular no anula el vínculo sino que produce un impedimento a entrar en él, ese lugar, que está esperándolo siempre que desafíe las limitaciones internas y externas, y para lo cual es necesario que se autorice a sí mismo a hacerlo.

Vaciar una relación puede ser una forma máxima de abandono en el vínculo amoroso y también una forma de agresión, debido a que como dice Willi, J. (202) que al vincularse, o al buscar un compañero, no sólo se busca una satisfacción o afirmación transitoria, sino configurar una historia de vida, esto significa, a marchar por la vida juntos.

Adentro-Afuera. En la relación con el otro, es importante observar que en la pareja nunca sabemos dónde estamos, si adentro o afuera, a la espera de entrar en algún lugar de donde estamos afuera, o de si hay un imaginario. Berenstein, I. Y Puget, J. (2007) cuestionan si esto es identificación, proyección o identificación proyectiva.

El vínculo adquiere significancia como permanencia. Es muy importante ver que la ausencia o carencia de significancia no hace desaparecer el vínculo, sino se mantiene vigente como relación. No son las actividades las que definen la vigencia del vínculo, sino la modalidad basada en los intercambios. Las relaciones sexuales pueden estar reguladas por una ley compartida por la pareja en donde la diversión, resultado de una tarea en común, la paternidad y maternidad se vive en forma novedosa y hasta divertida. Por supuesto, cuando no hay esto, la pareja tiende a salirse del vínculo, como en muchos ejemplos que veremos más adelante.

La vigencia es condición por la cual se produce en el vínculo el sentido general de unión. Puede existir el acuerdo inconsciente y no hablado de determinada vigencia, en donde la pareja decide que ya no tiene vigencia su relación, aunque continúen juntos. Esto lo describiría como lo implícito, lo no hablado.

La significancia, de acuerdo a estos autores, es conjunto de los valores que le otorgan un sentido específico y singular a ese vínculo, cuyo trabajo lo hace distinto de cualquier otro.

En la vigencia lo importante es el vínculo. Si el vínculo es significante, se convierte en un vínculo único. No se da en función del tiempo transcurrido.

Dice Berenstein: "Antes caracterizamos la operación de vínculo como producción de Dos que no resulta de Uno y Uno, y estar unidos o re-unidos es precisamente eso: Uno y Uno, me re-uno desde mi, que me considero uno, con otro que se considera y a quien considero también uno" (2007) p. 150.

Aunque cada cónyuge esté motivado por el deseo de otro, nada asegura que se dé esa acción de vincularse; el hecho de desearlo no garantiza su logro, ocurre como un acto inmediato, silencioso y agregado. Una vez establecido puede ser estable o no. El intento de recordar y reproducir el encuentro con el otro puede llevarlo al fracaso, porque lo transforma en representación de lo que fue y es un impedimento para admitir su presencia cuando se presenta. La posesividad se relaciona con querer retener el vínculo bajo la forma del control y dominio del otro, y a su vez degrada la capacidad de vincularse.

El vínculo vacío muestra la absoluta sumisión de un sujeto a otro, la vida y la muerte dependen de uno solo. La clínica vincular muestra que dos o más personas pueden estar juntos sin relación, es decir en situación de abandono. Estar juntos, relacionados y vinculados son tres formas distintas de estar. En los análisis de parejas en conflicto se puede diferenciar entre el conflicto vincular y el conflicto surgido del hecho de no haberse constituido el vínculo. El conjunto vincular puede decidir su propia caducidad, dar lugar a lo no vincular autorizándoselo desde el vínculo.

A continuación se pondrá un ejemplo de una pareja en donde se expondrá como un ejemplo desde una teoría vincular y así poder dejar en claro estos puntos hasta aquí mencionados.

PAREJA EN TRATAMIENTO:
Pareja: Carlos, 48 años. Lorena, 42 años. Casados hace 5 años. Las dificultades se agravaron con el nacimiento de su hijo, de tres años. El embarazo de este hijo fue muy difícil y tuvieron que ir a varios tratamientos de fertilidad debido a lo cual el interés de la pareja se centraba en lograr un embarazo. Acuden a tratamiento debido a su distanciamiento físico y emocional. Él le reclama a

ella la falta de atención cuando llega de trabajar. Ella, a su vez, alude a que nunca le ayuda, que se la pasa sola con su hijo y que no hay comunicación ni cercaría entre ellos.

Esto ha llevado a los dos a una insatisfacción constante y a sentirse totalmente desconectados uno con el otro.

Esta modalidad de vincularse, limita posibilidades y no le da a la pareja la menor posibilidad de verse de otra manera. El reforzamiento de la autoestima ha fracasado debido a que el otro ha sido transformado en objeto desvalorizado. Ambos no se sienten ni vistos ni escuchados. Existe un ataque a la identidad del otro. La interacción de esta pareja, que se repite constantemente, es de queja, de malestar y totalmente displacentera. No llegan a ningún acuerdo, más bien esta interacción es la que se observa en la manera de vincularse.

Carlos proyecta constantemente a Lorena aspectos rabiosos y de crítica provocando en Lorena una actitud pasiva e infantil. Se aísla, protege a su bebé, se refugia en él y se aleja más de Carlos a quien vive como el perseguidor y ella se vive a sí misma como la víctima. En ambos, existe un malestar en relación con el otro. Cada uno se siente aislado y no tomado en cuenta. Ambos quieren ser reconocidos.

La casa representa una forma espacial del vínculo de pareja, en donde ninguno de los dos tienen conflictos con su autoestima entre un yo y un ideal del yo. Carlos no ha hecho sentir a Lorena deseada debido a lo cual ella no se preocupa por el orden ni por el arreglo y cuidado de la casa, y por supuesto ni de su cuerpo ya que no ha bajado de peso desde que dio a luz.

Aunque la pareja se encuentre casada, podemos ver que no es lo mismo un reconocimiento social que uno proveniente del espacio intersubjetivo resultado de una estructura vincular. En la pareja, la percepción de los límites de su cuerpo se obtiene a través del contacto físico. Se obtiene a través de tocarse. Ellos no se tocan.

Se observó que los dos han establecido un vínculo sobre la base de una estrecha dependencia esperando elogios y aprobación. Así conservan un equilibrio narcicístico, pero no se han estructurado como pareja.

Se habló del malestar infantil y del lugar que ambos tenían en su familia de origen. Del lugar y de quienes lo ocupan. Ninguno de los dos fue reconocido por su familia de origen. Ocuparon ambos el segundo lugar de tres hijos. En ambas familias el primogénito fue el consentido.

A la analista se le vivía como un juez que tenía que darle la razón a cada uno de ellos y que esperaba cada uno en convertirse en el hijo predilecto de la madre. Asimismo, utilizaban el espacio terapéutico para pelearse y esperar que cada uno fuese el ganador.

Esto es una de las configuraciones transferenciales-contra-transferenciales por las que pasó el vínculo terapéutico. Es por lo tanto importante ver por cuál de estas configuraciones la pareja va pasando y el lugar en donde es puesta la pareja misma.

Es importante observar el tipo de vínculo que se va dando en las parejas, debido a lo cual tenemos que valorar los siguientes aspectos:

Adhesivo o narcisista, en donde predominan las fantasías y emociones relacionadas con el miedo a quedar aislado ante la amenaza de separación o pérdida del otro. Llama la atención la semejanza con la colusión narcisista de Willi, J. (2002) donde menciona que en esta colusión sólo puede existir la unión total, la fusión y la completa concordancia. Asimismo, habla del narcisista complementario en donde los compañeros de los narcisistas presentan ciertas analogías entre ellos. Coincide mucho con lo que dicen Berenstein y Puget (1992), donde consideran que en este vínculo existe la creencia de una disponibilidad permanente. Freud (1914) dividió la elección de objeto en dos tipos: anaclítico y narcisita, en donde el *self* se escoge como un objeto erótico y la persona ama lo que una vez fue, lo que quisiera ser y la persona que representa parte de su propio *self*.

El vínculo de posesión: Es un vínculo donde la separación trata de ser anulada mediante el control visual y auditivo. Proviene de una modalidad de enamorarse a primera vista. Es el resultado de intensos sentimientos de persecución controlados de esta manera. Aquí, mencionando a colusión oral de Willi, (2002), el habla de esta colusión oral, es donde la resistencia de la pareja se dirige contra la idea de poner en tela de juicio el que las funciones de atención tienen que distribuirse con exclusividad. La relación se deriva de la idea de que uno "como madre" tiene que cuidar al otro como a "niño desamparado" y hay una aceptación implícita de que la ayuda a uno de ellos tiene que ser inagotable. La disposición de ayuda de uno de ellos tiene que ser inagotable y de que el necesitado de apoyo tiene que ser librado de toda exigencia de ayudarse a sí mismo.

El vínculo de control (controlado-controlador) se ejerce en base a una mayor diferenciación entre el yo y el otro yo, pero la fantasía de descontrol se apoya en el temor al fracaso de la función esfinteriana en el cierre-apertura modulada en la relación entre un yo y otro en la estructura de vínculo. Otra vez me gustaría referirme a Willi. J. (2002) y a la colusión anal-sádica en donde este autor menciona que esta colusión se refiere a que se observa en qué medida puede la pareja permitirse aspiraciones autónomas de uno, sin que se desintegre la relación, y por medio de qué medidas de dirección y control deben garantizarse la mutua subordinación y seguridad de la asociación.

Vínculo amoroso (ser querido-querer) o de terceridad. Usher (2008) comenta que la relación íntima es un lugar de la pareja para trabajar el conflicto edípico. En el vínculo amoroso las emociones pertenecen a la resolución del Edipo y a la serie de ternura y cariño. Se detecta interés por el otro y reciprocidad. En la colusión edipal de Willi (2002) se trata de la repetición de la relación con el progenitor sexual, en identificación o en contraidentificación con el progenitor del mismo sexo. El amor y el odio al progenitor del sexo contrario se hallan muy relacionados con toda relación heterosexual en donde todo compañero se ve al compañero del amor edipal. Comenta este autor, que el complejo de Edipo impregna a un matrimonio.

En cuanto a la noción de borde, mundo interno y externo, nunca sabemos dónde estamos si adentro o afuera. ¿Existe un afuera donde se incorporan cualidades y condiciones del otro? Es algo que nos cuestionamos frecuentemente.

El vínculo adquiere significancia y ello le añade persistencia. Ausencia o carencia de significancia no hace desaparecer el vínculo, que se mantiene vigente como relación, y al que los sujetos relacionados viven como un espacio vacío, persecutorio, que puede no parecerlo si se llena sustitutivamente de actividad idealizada, diversión, sexualidad, hijos, logros, adquisiciones materiales o intelectuales de tipo individual. No son las actividades las que la definen sino la modalidad que se basa en el intercambio. Una actividad puede estar regulada, aunque los sujetos no lo sepan, por una ley epocal.

En lo vincular como en la clínica y técnica psicoanalítica, Isidoro Berenstein y Janine comentan que los psicoanalistas tenemos gran experiencia para detectar indicadores y pensar formulaciones acerca de los objetos y la estructura del mundo interno, pero que tenemos más dificultad cuando se trata de definir y caracterizar representaciones inconscientes de este otro mundo, el sociocultural, al que ellos "transubjetivo", que es la forma de plasmar conceptos psicoanalíticos sobre las raíces del sentimiento de identidad y pertenencia social, en los que ambos autores ya habían trabajado activamente. (2007)

Para Berenstein, I. Y Puget, J. (2007) una investigación que ocurrió en el transcurso de esas dos décadas, fué la construcción de la teoría vincular.

EL BORDE

Lo vincular crea y marca un borde entre los sujetos donde lo exterior se hace interior y lo interior se hace exterior. Es el lugar en donde cada uno de los territorios subjetivos se separan y se unen, se envía lo ajeno, en tanto que lo propio pertenece al interior del mundo propio. El borde separa y une territorios que circunscribe y pone en relación... no los pone, están o son o se hacen en la relación.

Mencionan estos autores cómo lo vincular es una técnica de tratamiento de los conjuntos humanos como los del parentesco, la pareja y la familia o los grupos, y da lugar a una teoría que reúne conceptos diferenciados derivados de aquellos propios del psicoanálisis. Se ubica tanto en los bordes de las formulaciones psicoanalíticas individuales como en aquellas derivadas de los diferentes de los que recorren ambos campos.

Lo interno está asociado a la identidad, a lo que es propio; lo externo está asociado a lo extraño.

El término subjetividad tiene relación con lo individual y el círculo con otros. Desde la idea de que uno es lo que hace, de allí a que uno es lo que hace con otros. Lo que se hace brinda alguna señal en la conciencia, aunque el sentido sea inconsciente. Lo que no se hace, aquello que está en la subjetividad sería eso, tanto lo que adviene de un hacer con los otros, como lo que no se hace pudiéndose hacer.

MUNDO INTERNO Y MUNDO EXTERNO

El mundo interno es aquel donde figura el diseño de la interioridad del sujeto, las relaciones de objeto originadas por proyección e introyección en su interacción con las imágenes parentales, y es construido mediante la fantasía inconsciente.

La identificación es el mecanismo principal de esta interioridad y opera bajo el modelo de la apropiación de cualidades del otro (Freud "interpretación de los sueños", 1900-1901).

La apropiación contiene inevitablemente un elemento de violencia en relación con el otro. El mundo considerado exterior es registrado como de exclusión de la interioridad. Esa apropiación es una introyección de un funcionamiento externo y cambiado de nombre, por lo tanto de sentido. El deseo se legitima si es interno y el sujeto le otorga como concesión esa posibilidad al otro, realizándolo en él en tanto objeto de ese deseo.

La transferencia en el trabajo analítico es un hacer, pero la caracterizaría como un repetir con alguna variación y elaborar en tanto el hacer del trabajo vincular daría lugar a producir algo no realizado hasta entonces. Algo puede lograrse o no.

La lógica de lo exterior es distinta de la del interior, aunque esta última incorpore a la primera como si fuera interna.

La proyección hace que lo interior sea exterior, aunque éste es la continuación de aquel, mientras que la imposición hace que lo exterior, sin dejar de serlo, sea interior. De lo interior se desea que al ser proyectado se reconozca, y al devolvérselo al lugar de origen ayude a modificar al sujeto, no a su mundo exterior.

En la práctica clínica, se llama objeto al habitante del mundo interno. Se trata de una manera predominante de una interioridad cuya existencia se da a conocer como uno de los muchos personajes que están en el texto de lo que dice el paciente.

Es importante hacer la distinción entre objeto interno y objeto externo para dar a entender que tales objetos habitan en esos dos espacios, el mundo interno y el mundo externo.

El término Otro nombra a un sujeto, a alguien que está tan investido como ese otro sujeto que soy yo, pero que sin embargo es diferente y esa diferencia es irreductible. Se llama ajenidad.

Ausencia: lo que está presente. Presencia: lo que sí está, como puede ser el cuerpo. Esto se refiere al efecto de quien hace con nosotros y con quien nosotros hacemos, lo que llamamos vincularse.

Frecuentemente el vínculo familiar es pensado como determinado por los destinos individuales, por ejemplo, por el duelo no elaborado de la madre por la muerte de su padre, o las peleas frecuentes por su sexualidad desbordada, o un episodio traumático del padre cuando era pequeño. Una práctica analítica llevaría a pensar y a interpretar que es el trastorno vincular aquello que empuja a la madre a permanecer en el duelo por su padre, o que lleva al padre a persistir en su situación traumática infantil.

El pasado hace borde con la situación presente, modo de definir y recortar lo actual, el conjunto de elementos indeterminados que se determinan desde el hacer ahora entre los sujetos. Uno de esos elementos es la experiencia y los registros de aquello realizado antes en otras situaciones con otros sujetos. En la sesión psicoanalítica, la transferencia, producción actual en base a una ausencia, hace límite o borde con la situación actual, la de las presencias, y a su renovado obstáculo llamado interferencia.

Capítulo II

RELACIONES DE OBJETO

No es posible entender el acercamiento de la teoría de las relaciones de objeto sin la presencia que tiene la identificación proyectiva.

Melanie Klein describió la proyección defensiva hacia un objeto a través de las partes escindidas del *self* y de los objetos internos que crean un tipo particular de relaciones objetales.

PROCESOS PROYECTIVOS E INTROYECTIVOS

Los procesos proyectivos e introyectivos están continuamente en interacción desde el comienzo de la vida y construyen el mundo interno del *self*. Por ende, las ansiedades esquizo-paranoides como las defensas y el tipo de relaciones objetales son características de las primeras etapas de la vida, seguidas por la posición depresiva. Es importante pensar en estas etapas como fluctuantes entre las dos posiciones.

El concepto de identificación proyectiva fue primeramente descrito por Melanie Klein. Ella usaba este término para referirse a una fantasía inconsciente que influye en la manera en la que el sujeto experimenta al objeto. Partes del *self* y de los objetos internos se proyectan al objeto, a quien se le atribuye que posee los atributos proyectados. Es una fantasía en donde se deposita algo en el otro para controlarlo.

En la Clínica Tavistok de Parejas, se ha visto que los procesos por los que una pareja pasa se basan en la selección inconsciente en donde se hace una elección de pareja basada en el reconocimiento inconsciente en el otro de aspectos del *self* que no son reconocidos y son utilizados con un propósito defensivo. (Rusczynki & Fisher, 1995). Un elemento importante es la contención y el desarrollo de un sentido del *self*. Un ejemplo es el de un hombre activo o competente que escoge a una mujer depresiva por no poder tolerar estos sentimientos en sí mismo. La mujer prefiere a su vez depositar los sentimientos positivos en el hombre debido al hecho de nunca haber sido reconocida en su familia y repetir la misma historia con su actual pareja.

En cuanto a la teoría de relaciones de objeto Scharff, D. y Scharff, Jill (2005) se refieren a ésta como un sistema dentro del *self*, de partes construidas de la personalidad en relación al otro. Se expresan en la arena de las relaciones actuales, en donde las construcciones intrapsíquicas originales de las relaciones de objeto son modificadas. Los objetos internos y otras partes del son recíprocos con los objetos externos por lo cual las personalidades son mutuamente influenciadas. Nuestras relaciones externas están en interacción con nuestras estructuras psíquicas internas. Una relación de objeto internalizada es una parte de la estructura psíquica que se formó de la experiencia de una persona con su primera relación, que generalmente es la de la madre. El bebé tiene una capacidad limitada para entender lo que la madre siente o expresa. Distorsiona por lo tanto su visión de la madre. Por lo tanto, el objeto interno no refleja el externo. En una pareja existe una complementariedad de partes reprimidas de cada personalidad, donde la comunicación inconsciente determina la cualidad de la intimidad así como la capacidad de sostener una cercanía sexual y emocional.

Consideran estos psicoanalistas, que la identificación proyectiva es el proceso a través del cual una persona proyecta una parte escindida del *self* al otro y la otra persona inconscientemente la toma a través de la identificación introyectiva y se comporta de tal forma que la confirma. La identificación proyectiva es la base de la intimidad en cualquier relación dual.

BASES TEÓRICAS

Las bases teóricas de la teoría de relaciones objetales se organiza en base en la necesidad de la relación primaria con la madre. (Scharff, J & Scharff D., 2014). Estos autores mencionan a Donald Fairbain, quien menciona que la madre que impone límites, sin ser persecutoria o rechazante, le trasmite al niño sentimientos de seguridad, amor y satisfacción. La madre sobreprotectora, ansiosa o seductora, se convierte en excitante y avasalladora para el niño, y provoca rechazo, agresión y abandono. La madre que lo hace adecuadamente, tiene un hijo relajado, satisfecho y amado.

Cuando la experiencia frustrante está presente, el niño introyecta la imagen de la madre como un objeto interno no satisfactorio. La siguiente respuesta consiste en escindir los aspectos intolerables debido a que son muy dolorosos para mantenerlos en la consciencia. Cuando una parte del objeto es reprimida y escindida, una parte del yo o del *self*, también se escinde del yo junto con el objeto. El objeto rechazante reconecta con los afectos de coraje y tristeza. El objeto excitante se conecta con los sentimientos de extrañeza y nostalgia.

Klein afirmaba que la gente se relaciona de manera inconsciente depositando partes de sí mismos que sienten peligrosas a otras personas a través de la proyección. Al trasmitir estas partes, resuenan en la organización inconsciente del otro. Por ejemplo, una esposa incapaz, como débil, escoge a un marido al que teme, pero quien toma todas las decisiones.

Bion (1967) describía un ciclo continuo de identificación proyectiva e introyectiva que ocurre mutuamente entre madre e hijo. Estudió el proceso maternal de contención en donde la madre recibe las ansiedades del hijo las cuales, inconscientemente, resuenan con la estructura mental de la madre. Debido a esto, la mente del niño es un producto de una interacción afectiva como cognitiva. Lo mismo sucede en las parejas en donde existe una retroalimentación continua de identificaciones proyectivas e introyectivas.

Dicks (1967) comentó que las interacciones de la pareja se basan en términos de las necesidades conscientes de cada cónyuge y en términos de fantasías y reglas inconscientes. Afirmaba que los elementos culturales como los valores son parte de la elección consciente en una pareja, pero que un matrimonio se determina básicamente por las relaciones de objeto internalizadas.

En el estudio de la relación madre-hijo de Winnicott (1960) describió tres elementos básicos: La madre ambiental, la madre objetal y la pareja psicosomática. La madre ambiental le ofrece al hijo un contexto de seguridad y crecimiento. La madre objetal se ofrece como objeto directo para ser usada por el hijo. La pareja psicosomática inicia en el embarazo como una conexión somática basada en las fantasías de los padres acerca de su hijo por nacer y de sus roles imaginarios como padres. (Scharff,J. & Scharff, D., 2014)

TÉCNICA DE TRATAMIENTO DE RELACIONES OBJETALES
En el trabajo psicoterapéutico con parejas la teoría de relaciones objetales es de gran utilidad y nos ayuda a entender los procesos interaccionales e intrapsíquicos en estas parejas.

La manera cómo se trabaja esta técnica de la teoría de relaciones de objeto es la siguiente: (Scharff, J.& Scharff, D, 2005)

Es necesario construir un espacio terapéutico, de igual forma es necesario medir la fase de desarrollo de la pareja como el nivel alcanzado. Los tipos de funcionamiento defensivo como la exploración de los procesos inconscientes como la ansiedad generada. Para Lemaire, J. (1986) la elección del compañero está estrechamente vinculada a la organización defensiva. Comenta que las características personales del compañero se eligen para reforzar los mecanismos de defensa destinados a cerrarle el paso a las pulsiones parciales, es decir, se elige a la pareja con las características que no despierten la pulsión y que contribuyan a reprimirlas. En una relación duradera, aunque la búsqueda de satisfacción es importante, no es lo único que motiva la elección de pareja, sino es importante que la pareja le de cierta seguridad interior. Es importante que la pareja le permita mantener su unidad, su coherencia y defensa de su Yo.

En esta técnica, se analizan tanto los sueños como las fantanizacionasías de la pareja, así como la transferencia y la contratransferencia que se genera en las sesiones de pareja, como las respuestas con las que responden a las interpretaciones.

Se hace una formulación de acuerdo a la teoría de las relaciones objetales, así como una recomendación para la pareja como un plan de tratamiento, ya que cada pareja necesita un tratamiento específico de acuerdo a sus necesidades.

Tanto la pareja como el terapeuta exploran la psicodinamia, motivación y capacidades terapéuticas.

Es importante observar la fase del desarrollo que predomina en la personalidad. Oral: que consiste en usar palabras como armas. Anal: Se refiere al control ejercido en la pareja. Fálico-edípico: *Show off* que se manifiesta en la pareja.

La pareja que se vincula a nivel oral, se relaciona con la dependencia. Anal, con el control del objeto. A nivel edípico: Miedo retaliación del terapeuta si competir.

Nivel relacional: Consiste en las capacidades de relacionarse.

Observar los patrones repetitivos en parejas, familias, hacia terapeuta o familia. Las defensa contra la ansiedad en la situación terapéutica. La forma en que proyectan al terapeuta, como pareja y cada uno en particular. Asimismo, es importante identificar las partes del *self* o de sus objetos en la persona del terapeuta.

Es importante señalarles que estas identificaciones proyectivas son un intento de comunicarse con la persona como una manera de defenderse contra la ansiedad en la relación.

Para evidenciar las relaciones de objeto reprimidas, se escucha el material clínico al mismo tiempo que se observa la relación hacia el terapeuta de pareja.

En pareja, se observan las interacciones entre ellos y cómo se manejan con el terapeuta.

Es básico al trabajar con esta teoría el observar cómo se defienden de las partes inconscientes reprimidas.

De igual forma, es importante analizar los sueños en pareja y cómo los sueños y fantasías nos permiten explorar elementos más profundos, que están fuera de la consciencia de cada cónyuge.

Esta forma de trabajar con la pareja, nos permite analizar las fantasías inconscientes y las constelaciones de objetos internos.

Esto nos va a dar la oportunidad de que la pareja pueda entender lo que se logra con una técnica psicodinámica, ya que si la pareja no hace consciencia de las repeticiones de su primera infancia, no hay posibilidad de cambio.

Los sueños y fantasías ayudan con la organización inconsciente.

Hay que estar alerta siempre al efecto que la pareja tiene en el terapeuta de pareja, debido a lo que básico que el terapeuta pueda monitorear sus sentimientos como tratar de checar el efecto que tiene en el terapeuta en los otros y en sus relaciones importantes.

La contratransferencia se basa en la interpretación de la transferencia en el proceso de evaluación. Debido a esto, es importante tener en cuenta:

La Interpretación es un efecto de la transferencia.

Lo reprimido se repite como vivencia presente y no como fragmento del pasado.

La contratransferencia forma parte del proceso transferencial, en uno y en otro sentidos.

En el pensamiento freudiano, se distinguen dos clases de repeticiones: una de carácter mortífero que le hace el juego a la pulsión de muerte. Al poco tiempo se pierde de vista lo que se repite para investir el acto de repetición en sí.

Otra repetición une y hace nuevos objetos accesibles, abierta a la renovación, a lo imprevisto y en congruencia con la pulsión de vida lo cual promueve la integración de viejos fantasmas.

Trabajar con sueños y fantasías.

Es importante Interpretar la defensa, ansiedad y relaciones de objeto internas.

Hay que elaborar esto junto con la pareja, debido a lo cual es necesario monitorear:

1. Cómo reaccionan a nuestra interpretación.
2. A veces hay que hacer otra interpretación.
3. Ciertas parejas se van a niveles más profundos.
4. Cómo reaccionan al proceso.
5. Interpretamos cuando quieren destruir el encuadre.
6. Decidir si es el tratamiento para ellos.
7. Qué tipo de tratamiento. La combinaciones de terapia. Si se requiere una terapia de pareja, además de una terapia individual al cónyuge más resistente y más negador.
8. Es importante hacer el contrato como plantear el encuadre.
9. Mantener una posición neutral.
10. Crear un espacio psicológico para trabajar.
11. Utilizar el *self* del terapeuta.
12. Usar la transferencia y la contratransferencia.
13. Plantear la terminación.

EJEMPLO CLÍNICO:

Elvira y Andrés solicitan tratamiento debido a que Andrés empezó a alejarse de Elvira por sentirla muy agresiva y demandante. Sus relaciones íntimas eran poco frecuentes. Ella le descubre que él tenía una amante y que la relación había durado un año.

Andrés tiene 40 años. Elvira 38. Tienen 3 hijos: de 9, 7 y 5 años.

Andrés es el hijo primogénito de una familia acomodada. Es el preferido de la madre y en quien se apoya para pedirle que ayude a sus hermanos, que son tres. El padre le dejó a su cargo la empresa familiar y todos los hijos trabajan allí. Andrés se fue al extranjero y obtuvo una maestría con honores. Cuando regresó se casó con Elvira a la que conoció en la universidad.

Elvira es la mayor de cuatro hijos. Fue la consentida del padre, lo que generó en la madre una rivalidad por sentir que le quitaba el cariño del marido. El padre de Elvira se retiró a los 50 años y la familia ha padecido de carencias económicas, cosa que ha afectado a la madre de Elvira por sentirse muy limitada económicamente.

Elvira termina una maestría ya casada y actualmente tiene un muy buen puesto en el que debido a sus aptitudes, tiene horario flexible que le permite recoger a sus hijos de la escuela y llevarlos a clases algunas tardes.

Elvira les ayuda económicamente a sus padres, situación que enoja mucho a Andrés, y que le recrimina constantemente que ella les ayude, y su enojo lo expresa hablándole mal de su padre y haciéndole comentarios como: "Si tu padre no fuera tan huevón y no fuera tan conchudo, no tendrías que ayudarles.... ve a mi padre como todavía va a la empresa y no se hace tonto". Esto ha generado muchos pleitos entre ambos ya que Elvira le dice que ella puede hacer con su dinero lo que quiera.

La pareja se ha alejado y su interacción es de pleitos y alejamientos.

Andrés es el preferido de la madre y tiene el rol parental. Elvira fue vista por su padre como un hijo, situación que hizo que Elvira tuviera una gran rivalidad con la madre. Su madre no se acercaba a ella por vivirla como una amenaza. Esto hizo que a Elvira no le gustara jugar con juguetes femeninos prefería irse con su padre a las carreras de coches y a partidos de futbol.

La crisis de la pareja se manifestó cuando Elvira descubrió

los chats de su marido con una mujer con la que tenía un año acostándose con ella. Andrés lo reconoció y decidieron venir a terapia de pareja.

Andrés tenía el rol de hijo parental y siempre fue el consentido de su madre. De pequeño la madre no dormía por estar vigilándolo toda la noche. No se separaba de él ni un minuto. Lo dormía en su cuarto y cuando nació su segundo hijo, a insistencias de su esposo, lo sacó de la recámara. Lo utilizaba como su consejero y le dio el papel de cuidar a sus hermanos. Su padre aceptaba pasivamente la cercanía de la madre con el hijo y nunca lo rescató de su madre.

En el caso de Elvira, su madre no tuvo la cercanía con ella para lograr que ella se identificara con ella, situación que sí pudo lograr con sus dos hermanas provocando una gran rivalidad entre ellas. Su hermano nunca causó problemas y se la pasaba fuera de casa. Actualmente se fue al extranjero a vivir.

Andrés proyectaba en Elvira toda la agresión por no sentirse amado como él hubiera querido y rivalizaba con los hijos por sentir que le quitaban el cariño de su esposa al querer repetir la misma dinámica. Elvira a su vez cachaba esta proyección, corroboraba el rechazo de su madre internalizada y sentía que no era amada por Andrés. Ambos se alejaban uno del otro. El coraje que sentía Andrés por el padre de Elvira se debía a que inconscientemente él veía en él la pasividad de su padre por no haberlo salvado de su madre. Los dos reeditaban su historia y no salían del conflicto. La sexualidad era muy precaria y la escisión de la ternura y el sexo llevó a Andrés a buscar una pareja.

Al trabajar con la sexualidad de la pareja se pudo ver cómo Andrés desde pequeño sentía la insatisfacción sexual de su madre quien era terriblemente seductora con él. Tuvo un abuso sexual con la sirvienta de la casa a los seis años. Elvira tuvo juegos sexuales con una compañera en la secundaria y tuvo su primera relación a los dieciocho con un compañero de la preparatoria, pero sus relaciones no las describe como satisfactorias. Las relaciones entre ellos han sido poco satisfactorias y poco frecuentes. Ella no puede sentir un orgasmo y él tiene eyaculación precoz. Ambos se culpan por la disfunción.

Con esta pareja se ha trabajado con familia de origen, se eliminaron las asignaciones de papeles que no correspondían a los papeles reales. El analizar los sueños fue muy productivo ya que ambos pudieron trabajar con su parte inconsciente. También fue muy importante el hecho de responsabilizar a cada uno de su propia historia, de sus carencias infantiles así como de sus relaciones objetales introyectadas. Ambos han trabajado en sus relaciones primarias y han podido entender cómo a través del cuerpo han expresado lo no hablado. La transferencia de dependencia y temor hacia la analista ha ido cambiando y han podido expresar sus desacuerdos ayudándoles a modificar sus relaciones de objeto internalizadas.

Capítulo III

LA PRESENCIA DEL TRAUMA

El trauma de la violación es una realidad que prevalece hoy en día.

En "Inhibición, Síntoma y Angustia", Freud (1926) menciona que en la situación traumática, frente a la cual uno esta desvalido, coinciden peligro externo e interno, peligro realista y exigencia pulsional. Significa que el yo pueda vivenciar, por un lado un dolor que no cesa, y por otro, una necesidad que no puede hallar satisfacción. Comenta que la situación económica se observa en ambos y que tanto la visión como el desvalimiento motor, encuentran su expresión en el desvalimiento psíquico.

En la Conferencia 18 (1916), Freud afirma que la neurosis traumática tiene su base en una fijación que sucede al momento del accidente traumático y que repite en los sueños del sujeto esta situación traumática. Considera que es como si estos enfermos no hubiesen podido terminar con la situación traumática; como si ella se les enfrentara todavía a modo de una tarea actual insoslayable. Nos señala otra vez el camino hacia una consideración económica de los procesos anímicos. Es muy claro para él, cómo el sentido económico se observa en la expresión "traumática".

Lo traumático produce una vivencia que en un breve lapso provoca en la vida anímica un exceso tal en la intensidad un estimulo que su tramitación por vías habituales y normales fracasa, donde resultan por fuerza, trastornos duraderos para la economía energética. La neurosis sería equiparable a una enfermedad traumática y nacerá de una incapacidad de tramitar una vivencia teñida de un afecto hipertenso.

Toda neurosis contiene una fijación, pero no toda fijación lleva a una neurosis. En "Moisés y la Religión Monoteísta", Freud (1937) pudo reconocer que las neurosis son consecuencias de experiencias e impresiones que tienen su origen en traumas etiológicos cuyas impresiones son de naturaleza sexual y agresiva como de injurias tempranas hacia el yo. El yo se defiende del peligro por la represión, renunciando a lo pulsional.

La pulsión de muerte se observa desde temprano en el pensamiento freudiano. Hasta 1920 aparece articulada en "Mas allá del principio del Placer". Las pulsiones de vida representan una tendencia hacia la vida, mientras que las pulsiones de muerte destruyen las cosas. En la teoría del trauma se observa la pulsión de muerte y la compulsión a la repetición. Es muy difícil concebir una situación traumática donde la pulsión de muerte no esté presente.

El 11 de septiembre de 1897, en una carta a Fliess, Freud reconoce el fracaso en la búsqueda de ese episodio realmente vivido. Dice: "Ya no creo en mi Neurótica", ya que en sus casos acusaban al padre de perverso, por lo que Freud aseguraba que en el inconsciente no existe una realidad.

Cuando Freud publicó los Estudios sobre la histeria (Freud, S., 1905), sostenía la teoría de la seducción. Se puede inferir que en Freud se sumaba su propia resistencia, que también queda al descubierto en la teoría de la seducción, por la cual lo traumático no son los hechos de la niñez sino su recuerdo durante la adolescencia, idea que minimiza la gravedad del abuso y utiliza la palabra "tentación", sugiriendo así que la hija se sentía atraída por el padre, mientras que no era esto lo que ella decía. Esto nos hace pensar que, para Freud, debía ser conflictivo el cuestionamiento de la paternidad. Asimismo, en los momentos que el psicoanálisis nacía, Freud estaba solo. La comunidad científica de esa pequeña Viena, en la que todos se conocían, rechazaba sus afirmaciones llamándolas, "cuentos de hadas".

Estas fantasías resultaron verdaderas en las investigaciones que se hicieron en los ochentas por Diana Russell, una socióloga y activista de los derechos humanos. 900 mujeres escogidas al azar hablaron de sus experiencias de violencia y de explotación sexual. Una de cada cuatro mujeres fueron violadas (Herman, J., 1997)

VÍCTIMAS DE VIOLACIÓN EN BOSTON

En 1972, Ann Burgess y Linda Holmstrom hicieron un estudio sobre los efectos psicológicos de las víctimas de violación en el Hospital de Boston donde vieron a 92 mujeres y 37 niños. Las reacciones psicológicas las llamaron "síndrome traumático de violación". Estas mujeres experimentaron la violación como un evento que amenazaba con su vida provocando insomnio, nausea, pesadillas y síntomas disociativos. (Herman, 1997.)

Cada año existen aproximadamente 15 mil denuncias por violación sexual en México. En el entendido de que sólo el 20 por ciento de las violaciones son denunciadas, podemos calcular sin temor, un promedio de aproximadamente 70 mil violaciones cada año.

VIOLACIONES EN MÉXICO

Sin embargo, según Velvet Romero García[1], especialista de la Universidad Autónoma del Estado de México (UAEM), en México alrededor de 450 mil violaciones anualmente. De las 15 mil denuncias por violación que se registran en el país, únicamente 2 mil están sujetas a proceso, y un poco menos de 500, son sentenciadas con condena, según datos del Informe de la Violencia Feminicida en México[2].

Los Estados de Baja California Sur, Tabasco, México e Hidalgo registraron un promedio de 32 a 45 violaciones por cada 100 mil mujeres y en el caso de Quintana Roo, esta tasa asciende a 71 violaciones por cada 100 mil.

Al 2003 se reportó que el 17.3 por ciento de las mujeres mexicanas han sufrido algún tipo de violencia sexual, ya sea por la pareja o por cualquier otra persona.

En el año 2006, la pareja del 3.7 por ciento de las mujeres, les exigió tener relaciones sexuales con él, y el 2.6 por ciento usó la fuerza física para tener relaciones sexuales, al menos una vez. Y estas dos formas de abuso se repiten en varias ocasiones en el

---

1 México-boliviana, latinoamericanista, especializada en jóvenes, interculturalidad y educación. Comprometida con la información e investigación.
2 Notas relacionadas: : 70 mil mujeres son violadas en México cada año según Natalia Antezana / 10 febrero, 2013, en *Revolución punto cero.*

1.2 por ciento y el 0.6 por ciento, respectivamente.

Asimismo, el 21.2 por ciento de violencia sexual por parte de la pareja, se produce en el estado de Sinaloa, seguido por Nayarit con el 19.5 por ciento y luego por Colima con el 17.3 por ciento. Aguascalientes, es el estado que menos reporta este tipo de violencia sexual, con un 7.1 por ciento, de acuerdo con información de Inmujeres.

En el caso de los abusos sexuales en la adolescencia, el panorama no es más consolador. El 8.2 por ciento de mujeres entre 14 y 18 años, ha reportado haber experimentado algún tipo de abuso sexual.

Dos de cada tres abusos sexuales a mujeres menores de 15 años, se llevan a cabo por familiares o allegados. En el 5.5 por ciento de los casos es el padre y en el 6.9 por ciento es el padrastro quien comete el abuso.

Al 2009, entre el 1.2 y el 1.8 por ciento de adolescentes tuvieron su primera relación sexual de manera forzada. De este porcentaje, el 44 por ciento expresó que fue por el novio/esposo y el 11.1 por ciento que fue por un familiar; el 3.7 por ciento declaró que el abuso provino de un maestro y el 3.7 por ciento indicó que fue un desconocido.

El 48 por ciento de las jóvenes que sufrieron algún abuso sexual, le contaron a alguien sobre lo sucedido, de las cuales, sólo el 9 por ciento lo denunció ante alguna autoridad. En el caso de haber sido abusadas sexualmente por un hermano, sólo el 25 por ciento le contó a alguien y ninguna hizo la denuncia.

Los abusos más comentados en la adolescencia, son aquellos que fueron perpetrados por desconocidos (60 por ciento), y el porcentaje de denuncia es de 20 por ciento. En cambio, cuando se trata de un conocido, este porcentaje disminuye al 6 ó 7 por ciento. El 41.3 por ciento de las adolescentes, dijeron que no denunciaron el abuso por miedo, el 36.9 por vergüenza, el 20.1 porque pensó que nadie le creería y el 19.8 por ciento, porque pensó que la regañarían.

TRAUMA Y ABUSO

Freud comentaba en relación a los traumas de la neurosis, que el paciente estaba fijado al trauma. Los recuerdos traumáticos no tienen posibilidad de ser hablados si no son vividos a través de sensaciones y de imágenes. Las personas que han sufrido abuso tienden a recrear el momento de terror y muchas veces se exponen a riesgos que los pueden llevar a situaciones de peligro.

Resnisky, S. (2001) comenta que el traumatismo como efracción, remite siempre a la idea de una ruptura que puede ir desde una herida hasta el derrumbe, que produce la ruptura de la continuidad, la pérdida de la ilusión de continuidad, como una suspensión de la vida emocional, una detención de movimiento. Comenta que el trauma se presenta, no se representa y que no alcanzan las palabras para describir la experiencia vivida, que es lo que no puede ser tramitado ligado e integrado en sistemas de huellas mnémicas.

En casos de abuso infantil, fue hasta después de varios años en psicoanálisis de varias mujeres y de hombres, que el recuerdo pudo presentarse y fue a través de la transferencia que se pudo elaborar el trauma. En estos casos la compulsión a la repetición era un intento de aliviar y manejar estos sentimientos avasalladores. Estaban continuamente llenas de terror y de rabia. Sin embargo, no todas las personas desarrollan stress post traumático ya que las diferencias individuales juegan un papel importante.

APOYO EXTERNO

Debido a que los eventos traumáticos causan daños a la relación de pareja, una vez que se devela el problema, una respuesta de apoyo puede mitigar el evento. Si la pareja tiene una respuesta negativa puede agravar el síndrome traumático. Burgess y Holmstrom (1997) en su estudio de sobrevivientes de violación, reportaron que el tiempo requerido para la recuperación se relacionaba a la calidad de las relaciones íntimas de las víctimas.

En siete casos de violación en la infancia y en la adolescencia por padres, tíos y hermanos, una vez que se pudo trabajar con este evento traumático, los cónyuges fueron empáticos y ayudaron a mitigar el dolor a través de la paciencia y el entendimiento. En tres casos, esto no se pudo lograr ya que los cónyuges vivieron el evento de la violación de sus parejas como algo que no pudieron elaborar y terminaron dejando a su pareja. En estos casos, las actitudes superyoicas de las parejas no ayudaron a estas víctimas, sino que se volvieron agresivos y poco tolerantes generando culpa, vergüenza y aislamiento, ya que la incapacidad de completar un duelo en estos casos, perpetuó la resolución del evento traumático y los cónyuges afectados tuvieron que solicitar una ayuda individual.

ABUSO INFANTIL

El abuso infantil tiene lugar en un clima familiar en donde las relaciones de protección son profundamente disruptivas. El terror de muerte es algo que predomina cuando estos eventos suceden y los niños abusados son silenciados a través de amenazas. Estos niños crecen en ambientes de abuso en donde el poder es arbitrario, caprichoso y absoluto. Las víctimas de abuso han comentado que han sido víctimas de reglas caóticas y desorganizadas. Sin embargo, en varios casos las víctimas de abuso han manifestado que el abuso era frecuente y que existía el temor de muerte que provocaba en ellos un terrible sometimiento y aislamiento de sus familias. En varios casos de mujeres cuando se atrevieron a decirles a sus madres, fueron ignoradas y las madres pensaban que las hijas estaban inventando estos abusos, provocando una mayor culpa en ellas. Las hijas pensaban que algo malo estaba pasando con ellas ya que no confiaban en su discurso y se consideraban como malas o locas. Si en algún momento experimentaban cierto placer sexual, esto aumentaba la evidencia de su maldad. Aunque el abuso ya no continúe, el sentimiento de maldad persiste.

Estas pacientes en su esfuerzo de aplacar al abusador, intenta hacer todo lo que se requiere de ellas.

Cuando ha existido un abuso infantil, la fragmentación se vuelve el principio de la organización de la personalidad. Esta fragmentación evita la integración de la experiencia corporal.

La reconstrucción del trauma es sumamente importante y necesaria a través de un trabajo psicoanalítico ya que muchas veces se comparte a través de lo no verbal y es a través de la transferencia como los pacientes van pudiendo revivir estas experiencias traumáticas.

En varios casos de abuso infantil por progenitores y personas mayores, fue necesario trabajar en un tratamiento individual además del tratamiento de pareja ya que en estos casos el sobreviviente siempre se pregunta por qué le pasó este evento, y carga con mucha responsabilidad y culpa, lo que produce una imposibilidad de conectarse afectivamente con sus parejas, y muchas de ellas no entendían lo que pasaba y se desesperaban sin poder ayudar a sus cónyuges, creando un mayor alejamiento entre ellos.

La reconstrucción del trauma pasa por un recuerdo del evento, y los sobrevivientes del trauma se cuestionan los valores y creencias que tuvieron y que el trauma destruyó.

En este proceso, es importante que estos pacientes sientan que el terapeuta sea neutral y que no haga juicios morales, que comparta con ellos la carga emocional del trauma.

En casos de abuso infantil a veces el terapeuta siente una impotencia y enojo sobre todo cuando los pacientes nos describen cómo fueron abusados una y otra vez por el padre cuando eran muy pequeños, pero no puede imponer sus propios sentimientos. En el proceso de reconstrucción, la historia puede cambiar a medida que las piezas son recuperadas. A veces el terapeuta diagnostica un tipo de evento y no hay que olvidar que, tanto la psicoterapia como el psicoanálisis, no hacen que el trauma desaparezca.

En varios casos de abuso se ha podido trabajar para que estos pacientes puedan transformar su relación con sus parejas y puedan permitirles un acercamiento distinto y pueden elaborar el duelo de manera que se liberan muchos de la venganza hacia el cónyuge.

CASOS CLÍNICOS:

En el caso de Ana y de Rita, ambas abusadas por el padre a muy temprana edad, después de un largo trabajo pudieron acercarse a sus parejas y lograr una relación sexual satisfactoria ya que ambas se sentían responsables por haber cometido incesto debido a que, cuando las madres se enteraron, lejos de apoyarlas, las culparon por este hecho depositándoles toda su rabia e impotencia ya que su actitud fue de una terrible negación.

En ambos casos, el trabajo analítico consistió en crear un vínculo seguro debido a que existía un terrible temor de ser lastimadas y juzgada.

Pareja: Elena y Alfredo. Ella de 30 años. El de 35. Ella era una mujer sumamente delgada como si fuera una niña. Casada con Alfredo, un hombre que se preocupaba mucho por su físico y que le pedía que se cortara el pelo como niño y que adelgazara. Elena fue adelgazando al grado que iba perdiendo sus formas femeninas. A medida que ella iba perdiendo sus formas, él se iba sintiendo mejor. Elena solicita tratamiento debido a que se sentía muy insegura frente a Alfredo. Se sentía fea a pesar de ser una mujer muy bonita. Elena siempre fue la consentida del padre (fueron dos mujeres y un hombre) existiendo en ella una gran rivalidad hacia su madre, y viceversa. Su madre era poco agraciada y siempre se sintió mal frente a su hija, quien llamaba la atención por su belleza. Alfredo se negaba asistir a las sesiones de pareja y la criticaba constantemente por todo lo que hacía y cada vez le recriminaba más que no iba las suficientes horas al gimnasio. Elena empezó a sentirse muy mal físicamente. Su aspecto era cada vez más cercano al de un niño. Un día confesó que su esposo únicamente deseaba penetrarla analmente y nunca se atrevía a mirarla ni a acariciarla. Rechazaba su físico y le pedía que se redujera los pechos con una cirugía plástica. Elena viene desolada un día y comenta que se había encontrado a Alfredo en la cama con otro hombre: era homosexual y él se lo confesó. Este descubrimiento estaba allí, reprimido, debido a que Elena negaba este trauma por lo difícil que era asimilarlo. Alfredo se fue de la casa y Elena no volvió a saber de él. En sesiones individuales, Elena recordó que a los cuatro años, el hermano de su padre había abusado de ella en varias ocasiones cuando los padres la habían dejado a su cargo. Esta vivencia se hizo consciente cuando Elena empezó a salir con un hombre muy similar a su padre.

FUNCIONAMIENTO DEL CUERPO Y SU LENGUAJE.

La fantasía se materializa a través del cuerpo y por el cuerpo se experimentan pérdidas y se controlan ansiedades. La ansiedad de castración es la que moviliza las defensas. La despersonalización como defensa y la pérdida de la realidad son las reacciones defensivas ante la amenaza de pérdida de cualquier índole. Winnicott (1992) relaciona estos trastornos con un yo débil el cual no puede lidiar con eventos traumáticos. En estos casos podemos observar, tanto una escisión en la personalidad con debilidad en la asociación psique-soma, como una escisión organizada en la mente como defensa ante el trauma.

La dificultad en la práctica es la disociación en los pacientes la que separa su trastorno orgánico del conflicto anímico. La integración en el análisis consiste en un deshacer gradual de la diversificación organizada, como de la disociación múltiple de la personalidad, aspectos defensivos extremos ante la amenaza de pérdida de identidad debido a una fusión con la imagen materna.

Es importante observar cómo en pacientes traumatizados existe una desorganización psíquica progresiva que conduce a que la vida operatoria se vuelva crónica, lo cual cancela los procesos sublimatorios. A una desaparición paulatina de expresiones de deseo, le acompañan en paralelo, un incremento de hábitos y costumbres, como estereotipos. A este tipo de comportamiento hiper-adaptado lo denomina Marty (1998) "neurosis de comportamiento". Cuando la vida operatoria se va volviendo crónica, aparece la depresión esencial, se va promoviendo la desorganización y se va eludiendo progresivamente la representabilidad preconsciente, a la que él denomina "mentalización". Una producción previa seria la "neurosis mal mentalizada". La característica fundamental de la depresión esencial es que esta cursaría sin objeto identificable, aparentemente sin sentimientos de culpa. Sería la condición psicosomática en tanto que estaría promoviendo una disminución del tono libidinal. Para Marty y sus colaboradores (1998), las insuficiencias provienen de antecedentes congénitos o de registros sensoriomotores "inadecuadamente" instalados, en función de las vicisitudes del vínculo madre-hijo. Para ellos los trastornos psicosomáticos son desencadenados por traumatismos que desorganizan transitoriamente el aparato mental.

Es importante mencionar a Joyce McDougall, en cuanto al trauma (1992), ya que menciona que la disfunción psicosomática puede ser concebida como una respuesta posible a todo tipo de conflictos. Relacionándolos con la teoría de Piera Aulangier (1975), serían mensajes primitivos de la psique, que resultarían interpretados somáticamente. El órgano o función actúa supletoriamente ante acontecimientos dolorosos cuyas representaciones son expulsadas, resultando asimilables a sustancias toxicas. Se sigue una memoria del funcionamiento automático del cuerpo. En función de las ideas de Bion (1990) los elementos beta impedidos de procesarse bajo la forma de alucinosis o ser transformados en alfa se expresan en somatizaciones.

Para McDougall (1992) existen condiciones etiológicas para los fenómenos somáticos que son: una fragilidad de la economía narcisista, un discurso familiar que transporta un ideal de desafectivización y rechazo de la actividad imaginativa, efectos de una imago materna como "intérprete incapaz" de traducir emociones, ausencia de producción onírica, equivalentes de sueños en percepciones y sensaciones somáticas, recurrencia a escisiones y a identificaciones proyectivas y eyección de ideas y afectos.

Capítulo IV

EDIPO Y PAREJA

El mito de Edipo, desde Freud, es central en la relación primaria triangular entre una madre, un padre y un hijo. Esta relación es crucial en el desarrollo psíquico debido a que depende de cómo se resuelve el Edipo que influye las relaciones en las relaciones a través de la vida. El hijo es parte de un vínculo con la madre y con el padre y en una relación de los dos como pareja, incluyendo su relación sexual. Al tener una relación con la madre o con el padre, el hijo aprende la experiencia de ser incluido o excluido y también aprende los límites intergeneracionales, Esto requiere la capacidad de elaborar una pérdida. Muchas veces en la terapia de pareja una de las grandes dificultades es que los cónyuges están vinculados a sus padres como objetos primarios o como objeto edípico. Debido a esto no existe una investidura emocional en la pareja.

Uno de los dilemas en la pareja es el de estar físicamente separados y al mismo tiempo tener una relación íntima. Cuando existe una relación de pareja más funcional, ésta se basa en una relación interna benigna, pero no es lo mismo cuando existe un vínculo sado-masoquista en donde comparten una relación perversa que tiene raíces en compartir esa relación perversa que se basa en coerción y sometimiento.

En las parejas se recrean algunos de los conflictos edípicos no resueltos y la integración de la pareja no se da debido a que no pueden establecer un tercer objeto simbólico y no pueden compartir un espacio psíquico.

En el caso del varón, se encuentra al niño enamorado del padre de sexo contrario, mientras que en la relación con el de igual sexo existe hostilidad. La madre es el primer objeto de amor y el padre se convierte en rival. En la niña, la madre también fue su primer objeto. La frase pre-edípica es mucho más larga, y la relación de ligazón con la madre puede durar hasta los cuatro o cinco años, o quizá nunca desprenderse de ella. La mujer llega al complejo de Edipo positivo (ternura hacia el sexo opuesto y hostilidad hacia el mismo sexo) luego de superar un complejo negativo. Se tiene que producir el cambio entre el clítoris por la vagina; a su vez, se tiene que cambiar su objeto de amor, que es la madre, por el padre.

La bisexualidad es parte de los seres humanos, aunque resalta más en la niña que en el niño. El varón tiene solo una zona rectora que es el pene, mientras que la mujer posee dos: la vagina, y el clítoris, análogo al miembro masculino.

En la mujer, lo que precede a la genitalidad tiene que desenvolverse en torno del clítoris. En la vida sexual de la mujer hay dos fases: la primera de carácter masculino y la segunda femenina; en el desarrollo hay un proceso de transporte de una fase a la otra. Las condiciones primordiales de la elección de objeto son idénticas para todos los niños; tanto en niños como en niñas, la madre deviene el primer objeto de amor a consecuencia del influjo del suministro de alimento y del cuidado del cuerpo. En el varón, la madre seguirá siendo el objeto de amor hasta que la sustituya un objeto. En la niña, al final del desarrollo al cambio de vía sexual le corresponde a un cambio de vía en el sexo del objeto. El niño descubre la posibilidad de castración, como se prueba por la vista de los genitales femeninos, produciendo la creación del superyó, introduciendo en el niño todos los procesos que tienen por meta la inserción del individuo en la cultura. Luego de la interiorización de la instancia paterna en el superyó. En el complejo de castración en la mujer: ella reconoce el hecho de su castración y la superioridad del varón y su propia inferioridad. De esta actitud derivan tres orientaciones posibles de desarrollo:

1. Suspensión de toda vida sexual: extrañamiento respecto de la sexualidad; la niña, aterrorizada por la comparación con el varón, queda descontenta con su clítoris, renuncia a su quehacer fálico y a la sexualidad en general.

2. La esperanza de tener alguna vez un pene persiste hasta épocas tardías; persiste la fantasía de ser un varón, pudiendo terminar este complejo en una elección de objeto homosexual manifiesta.
3. La forma femenina del complejo de Edipo: desemboca en la final configuración femenina que toma al padre como objeto.

El complejo de Edipo es en la mujer el resultado final de un desarrollo más prolongado, es creado por el influjo de la castración, y es frecuente que la mujer casi nunca lo supera. En la niña, la fase de la liga con la madre puede llamarse pre-edípica y tiene una significación muchísimo mayor en la mujer, es el vínculo originario sobre el que se edifica la liga con el padre; el pasaje de liga afectiva del objeto-madre al objeto-padre constituye el contenido principal del desarrollo que hasta la femineidad. Cuando la niña se entera de su propio defecto por la vista de un genital masculino, no acepta sin vacilación ni renuncia a su incompletad, sino espera poseer alguna vez un genital así, y el deseo de tenerlo sobrevive todavía largo tiempo. Al final de esta primera fase de la ligazón-madre, emerge, por el extrañamiento de la hija respecto de la madre, el reproche de haberla parido mujer. El análisis descubre las motivaciones para el extrañamiento respecto de la madre: omitió dotar a la niña con el único genital correcto, la nutrió de manera insuficiente, la forzó a compartir con otro el amor paterno, no cumplió todas las expectativas de amor, e incitó primero el quehacer sexual propio y luego lo prohibió.

Parece ser que los motivos para ese extrañamiento son insuficientes para justificar la final hostilidad. Quizá lo más correcto sea decir que la ligazón-madre tiene que irse al fundamento justamente porque es la primera y es intensísima. En las primeras fases de la vida amorosa es evidente que la ambivalencia constituye la regla. La intensa ligazón de la niña con su madre debe haber sido muy ambivalente, y justamente por eso y con la cooperación de otros factores, habrá sido esforzada a extrañarse de ella.

El proceso es consecuencia de una característica universal de la sexualidad infantil. Las metas sexuales de la niña junto a la madre son de naturaleza, tanto activa como pasiva, y están comandadas por las fases libidinales que atraviesan los niños. En todos los ámbitos del vivenciar anímico, una impresión recibida pasivamente provoca en el niño la tendencia a una reacción activa; intenta hacer lo mismo que antes le hicieron o que hicieron con él, se intenta dominar el mundo externo. Puede incluso empeñarse en repetir impresiones que habría tenido motivos para evitar a causa de su contenido penoso. Se muestra una rebeldía contra la pasividad y una predilección por el papel activo. Esta alternancia de la pasividad a la actividad no se da en todos los niños con igual regularidad y alternancia, y en muchos puede faltar. Las primeras vivencias sexuales del niño junto a la madre son de naturaleza pasiva (es amamantado, alimentado, limpiado, etc., por ella). Una parte de la libido del niño permanece adherido a esas experiencias y goza de las satisfacciones conexas; otra parte se ensaya en su re-vuelta a la actividad.

En los otros vínculos, el niño se contenta con la autonomía, con el triunfo de ejecutar él mismo lo que antes le sucedió o con la repetición activa de sus vivencias pasivas en el juego o bien convierte a la madre en el objeto respecto del cual se presenta como sujeto activo. La actividad sexual de la niña hacia la madre se exterioriza siguiendo la secuencia de aspiraciones orales, sádicas, y hasta fálicas dirigidas a aquella. Entre las mociones pasivas de la fase fálica, se destaca que la niña inculpa a la madre como seductora, ya que por fuerza debió registrar las primeras sensaciones genitales a raíz de los manejos de la limpieza y el cuidado del cuerpo realizados por la madre. El hecho de que de ese modo la madre inevitablemente despierte en su hija la fase fálica, es el responsable de que en las fantasías de años posteriores el padre aparezca tan regularmente como el seductor sexual. Al tiempo que se cumple el extrañamiento respecto de la madre, se transfiere al padre la introducción en la vida sexual.

En la fase fálica sobrevienen, por último, intensas emociones activas de deseo dirigidas a la madre; el quehacer sexual culmina en la masturbación del clítoris. El extrañamiento respecto de la madre es un paso en extremo sustantivo en la vía de desarrollo de la niña, es algo más que un mero cambio de vía de objeto; al par que sobreviene se observa un fuerte descenso de las aspiraciones sexuales activas y un ascenso de las pasivas. Es cierto que las aspiraciones activas fueron afectadas con mayor intensidad por la frustración (denegación), y que demostraron ser completamente inviables y por eso la libido las abandona con mayor facilidad. Pero tampoco faltaron desengaños respecto del lado de las aspiraciones pasivas.

Con el extrañamiento respecto de la madre, a menudo se suspende también la masturbación clitorídea, y hartas veces la represión de la masculinidad anterior infiere un daño permanente a buena parte de su querer-alcanzar sexual. El tránsito al objeto-padre se cumple con ayuda de las experiencias pasivas en la medida en que estas han escapado al ímpetu subvertiente. Ahora queda expedito para la niña el camino hacia el desarrollo de la femineidad, en tanto no la angosten los restos de la ligazón-madre pre-edípica superada. En el desarrollo sexual femenino se hallan en acción las mismas fuerzas libidinosas que en el varoncito, y en ambos casos, durante cierto tiempo se transita por idénticos caminos y se llega a iguales resultados. Luego, factores biológicos desvían esas fuerzas de sus metas iniciales y guían por las sendas de la femineidad aún a aspiraciones activas, masculinas en todo sentido.

El complejo de Edipo vemos cómo trasciende en un matrimonio: de manera positiva, repitiendo el matrimonio de los padres o negativa, tratando de hacer lo contrario. El complejo de Edipo no superado muchas veces impide la formación de un matrimonio. Willi, J. (2004) comenta que muchas veces tratando de huir del incesto, algunos no pueden comprometerse profundamente en una relación y que sexualmente pueden funcionar con una pareja que no tiene nada en común con el padre del sexo contrario y que algunos no fracasan hasta después de la boda. Comenta este autor que cuando el marido supera a su mujer en más de diez años, o la mujer excede en más de cinco a la edad de su marido, entra frecuentemente en juego el componente edípico.

PAREJA EN TRATAMIENTO.

Adriana tenía 40 años cuando conoce a Beto, de 25 años. Deciden casarse cuando tenían 6 meses de conocerse. Adriana tenía un hijo de 18 años que inmediatamente entró en rivalidad con Beto.

La relación funcionaba muy bien ya que Adriana funcionaba como una madre perfecta ya que atendía a Beto en todo sentido y lo invitaba a viajar con ella. Adriana tenía una posición económica muy buena ya que su papá la había heredado y no tenía que trabajar. Ella vivía de las rentas que le dejaban varios inmuebles.

El hijo de Adriana empezó a tener muchas fricciones con Beto, ya que le reclamaba a su mamá que Beto la estaba explotando y que no le parecía justo que la herencia de su abuelo la estuviera gastando con Beto.

A los tres años de matrimonio, Beto decidió entrar a trabajar con un tío en una empresa y Adriana entró en pánico pues sintió que iba a perder el control de Beto, lo cual se hizo realidad debido a que Beto inicia un romance con la asistente del tío de 25 años de edad.

Adriana entra en una depresión y empieza a buscar mensajes en el celular de Beto ya que siente que estaba en peligro su matrimonio y utiliza diversos medios para defenderse del peligro de que Beto la deje. Empieza a beber y a buscar al cirujano plástico para hacerse liposucción y cirugía en la cara. Beto se vuelve más evasivo alejándose cada vez más de ella. Finalmente él le confiesa que va a ser papá. Esto genera en Adriana una terrible frustración y lo corre de su casa. Esto para el hijo representa una conquista narcisista ya que empieza a cubrir las necesidades afectivas de su madre.

En este caso vemos cómo Adriana para librarse de su fantasía edípica con su hijo, se vincula con un hombre menor que ella, casi de la edad de su hijo. Beto, por otro lado fue abandonado por su madre debido a que ella era actriz, divorciada y trabajaba todo el día, llevando a diversos hombres a dormir a su casa. Beto busca una mujer mayor que él que sustituye la imagen de su madre, pero después de dos años de un tratamiento de pareja decide involucrarse con una mujer de su edad y con quien pueda tener una familia. Ella tenía miedo al incesto y temía tener un marido infiel como su padre. Sin embargo, el trato con Beto era de control y posesión. Adriana representaba para Beto alguien que lo completaba hasta que decide liberarse de ella. El hijo de Adriana representaba para Beto un gran peligro debido a que lo sentía un rival muy poderoso.

Capítulo V

TRANSMISIÓN TRANSGENERACIONAL

Este capítulo pretende hacer una reflexión del pensamiento freudiano en la transmisión transgeneracional y cómo no podemos dejar de pensar la manera en la que se ha dado la transmisión psíquica entre las generaciones. A través de su obra podemos ver cómo el ser humano hereda lo psíquico, lo religioso y lo cultural.

En "Tótem y Tabú" (1912-13), Freud distingue entre la transmisión por identificación con los modelos parentales y la transmisión genérica, la cual está constituida por las huellas mnémicas de las generaciones anteriores. El primer proceso se relaciona con la historia; el segundo, con la prehistoria del ser humano. En la prehistoria se trasmiten objetos perdidos de nuestros antecesores los cuales son trasmitidos parcialmente en los duelos.

De igual forma, también se trasmiten los significantes congelados, enigmáticos, brutos, sobre los cuales no se ha podido lograr un trabajo de simbolización. Aquí comienza y termina un largo análisis sobre la transmisión, en primer lugar sobre la transmisión del tabú en la organización social y en la realidad psíquica. En la primera, ésta pasa por la cultura y por la tradición; en la segunda, existe una parte orgánica de la vida psíquica de las generaciones en donde las prohibiciones llegan a ser una parte integrante del inconsciente.

De igual forma, Freud desarrolla en este trabajo la idea de que la transmisión se da por imitación y que el intermediario funciona de forma que metaboliza la realidad intrapsíquica.

En "Introducción al Narcisismo" (1914), acentúa las predisposiciones significantes en el proceso de transmisión, donde el niño es el depositario y el heredero de los deseos irrealizables de los padres y el modelo de amor son ellos mismos. El hijo llena los sueños de los padres y se transforma en el objeto amado. Es decir, el amor de los padres no es otra cosa que el narcisismo de ambos vuelto a renacer a través de este hijo.

En "Psicología de las Masas y Análisis del Yo" (1921), se manifiesta que lo que es trasmitido es por vía de las identificaciones observando que se abandonan los ideales del yo por un objeto ideal común, considerando que es a través de estas identificaciones que se forma un ideal, al cual le faltan las representaciones de palabras para poder pensar lo que ocurre.

En "Moisés y la Religión Monoteísta" (1939), Freud señala que la herencia arcaica del hombre incluye disposiciones, contenidos y huellas mnémicas referidas a lo vivido por generaciones anteriores. Esto amplía, por lo tanto, la importancia de la herencia arcaica.

Afirma que ciertos síntomas neuróticos, fueron adquiridos a una edad muy temprana y no son asequibles al recuerdo especialmente cuando se refiere a impresiones de naturaleza agresiva o sexual refiriéndose a la herencia arcaica.

También en "Esquema de psicoanálisis" (1940), Freud dice que es a través de la transferencia que el paciente escenifica ante nosotros un fragmento importante de su biografía.

Kaës (1997) menciona que una notable propiedad de los objetos de transmisión es que están marcados por lo negativo ; lo que se trasmite es lo que no se recuerda: la culpa, la enfermedad, la vergüenza, lo reprimido, los objetos perdidos y aún el duelo. Estas configuraciones de objetos y sus vínculos intersubjetivos son las que son transportadas, proyectadas, depositadas, difractadas en los otros, en más de un otro: forman la materia y el proceso de transmisión. Lo que se trasmite no es solamente algo negativo, sino también aquello que garantiza las continuidades narcisistas, el mantenimiento de los vínculos intersubjetivos, el mantenimiento de las formas y de los procesos de conservación y de complejización de la vida: ideales, mecanismos de defensa, identificaciones, certezas y dudas.

Es importante observar en las transferencias tanto de la pareja como de la familia cómo se trasmite todo lo que no es hablado sino actuado para conservar los mitos familiares.

En las parejas hemos podido observar cómo el sufrimiento nace de las "insuficiencias de lo generacional como de las insuficiencias del sistema narcisista", que son los que sostienen las ligas intrapsíquicas como los vínculos intersubjetivos y que es a través de descubrirlos que permite a ésta la posibilidad de hacer conscientes los patrones heredados.

Eiguer, A. (1997) comenta que la prohibición del saber es lo que genera mayor violencia, tanto al individuo como a su pareja. En una pareja se escucha a los dos integrantes y se intenta estudiar las dos genealogías. Sin embargo, a veces el sistema no puede ser modificado ya que según el sexo del padre más afectado por los traumatismos antiguos, existe una mayor resistencia al cambio. En el vínculo amoroso de la pareja se mezclan representaciones de objeto y afectos que son esenciales para comprender lo ancestral. La complementariedad de las representaciones ancestrales de cada cónyuge se observa debido a que existe un entrecruzamiento de dos tendencias en donde el compañero remite a lo más alejado de sí mismo (elección exogámica) y a lo más próximo (elección endogámica). Las primera tendencia, según Kaës, se inspira en la castración; la segunda, en la seducción o en el narcisismo. La atracción de la representación transgeneracional del otro, interviene en la elección amorosa. Para este autor, el concepto de objeto transgeneracional consiste en un ancestro, un abuelo antepasado, otro pariente directo o colateral de generaciones anteriores, que evoca fantasías, provoca identificaciones e interviene en la constitución de instancias psíquicas en uno o varios miembros de la familia.

La representación de objeto transgeneracional significa que en el inconsciente un objeto se inscribe en su representación, referida a representaciones de palabra y cosa; la representación de objeto es una combinación de estos dos tipos de representaciones. La cosa se remite a la imagen visual, a la que nos inclinaríamos a unir el objeto. La imagen sonora en la base de la palabra tiene un papel organizador que se manifiesta en fantasías y en asociación de ideas. La cosa es rica en analogías y en desplazamientos; la palabra se remite a los sentidos, a lo que une y crea una ruptura (Eiguer, 1987).

La psique de la madre atrae, orienta y desprende la pulsión del niño. También indica la vía de lo sexual al separar aquello que no lo es, ayudando a transformar la excitación en sensación y a llevar de la percepción a la fantasía simbólica.

También podemos ver que existe un vacío en muchos miembros de una pareja o de una familia. El vacío consiste en la falta de representación, en el hueco y en la caída del interés libidinal que una madre puede crear en el bebé y donde existe un espacio de no-representación irrepresentable que no permite ninguna comprensión sobre la naturaleza o sobre el origen de esta desinvestidura. Existe una diferencia entre la teoría de relaciones de objeto donde se habla de carga displacer o descarga placer, o de la pulsión de muerte la cual perturba la investidura para marcar la repetición.

La relación en cuanto a objeto transgeneracional consiste en que es importante trabajar con las representaciones y con los irrepresentables. Estos irrepresentables, que provienen de una prohibición de saber o de una desinvestidura materna, nunca son absolutos debido a que la pasión que invertirá la madre en guardar el secreto y en impedir que exista curiosidad, ya tiene carga como la investidura que precedió a la conmoción traumática. Esto, sí pudo ser registrada por el niño. Entonces se habla de lo impensable. Al nivel de familia, lo innombrable pone en cuestión la pertenencia o el rechazo de lo ancestral lo cual genera confusión. Esto es observado claramente en ritos funerarios, en las repeticiones entre generaciones, como en las distorsiones de los roles.

El autoerotismo es retroalimentado por el de los padres que genera pasajes de excitación a la sensación, de la angustia al afecto.

La comparación con el canibalismo se justifica en la medida en que se trata de una muerte y de un duelo cuya única salida provisional en el individuo es la apropiación imaginaria del cuerpo, en el control interno, a falta de poder calmar sus exigencias, es decir, su rencor. Esto es observado claramente, por ejemplo, en ritos funerarios repetitivos, como en exhumaciones. Esto, podríamos decir, que es un acceso patológico que se deposita en uno de sus miembros.

De igual forma observamos que el objeto transgeneracional de duelos sepultados hacen que en ciertos sujetos, las separaciones y las pérdidas reales despierten el dolor y emerjan representaciones que no se consideraban adquiridas.

En cuanto a las fantasías originarias, el mensaje filogenético aviva la fantasía secundaria por el recuerdo de un traumatismo que ocurrió en el origen de la humanidad.

Freud (1938, p.177) dice al respecto: "Los residuos psíquicos de esas épocas primitivas constituyeron una herencia que en cada nueva generación sólo se debió volver visible, no adquirir de nuevo." Las huellas evocan el incesto, el asesinato del padre primitivo, la instauración de las prohibiciones, pero lo esencial parece residir en la culpabilidad de nuestros ancestros más lejanos, experimentada a consecuencia del asesinato del padre."

Dentro de la concepción freudiana de lo arcaico podemos ver que se dan cita todos los datos de la transmisión generacional como son el traumatismo que precede a la vida de los padres, la designación de una ley, y la transmisión inconsciente a través de mensajes intermediarios, como el recuerdo de cuatro fantasías originarias: de elación prenatal, de seducción, de castración y de escena primitiva. Esta hipótesis biogenética nos hace ver que todo ser humano revivirá tales escenas cuando el niño escucha el testimonio de escenas ancestrales.

En cuanto a la representación del objeto transgeneracional en relación a los roles simbólicos, no se puede atravesar la barrera entre los sexos. Si el papel de la novela familiar juega un papel tan importante en el mundo psíquico del niño, es porque la novela familiar autoriza una filiación doble, situación que hace más fácil la aceptación del dominio de un maestro u otra figura paterna. Sin embargo, en ciertos pueblos primitivos donde se observa que la familia es matrilineal, el padre biológico es relegado.

La investigación antropológica plantea que la filiación es designada por el grupo social. La novela familiar del niño deviene la vertiente mítica de los vínculos de parentesco, los confirma y también los fomentará.

En cuanto al erotismo, Eiguer (1997) menciona que el padre genitor es aquel que comparte el placer con la madre, como el padre educador se abstendrá de ello. Habla de dos caras del erotismo fálico-genital; un padre de la seducción para la madre, y el otro padre de la castración para el hijo, en donde se ve la dimensión paterna desde el ángulo prohibidor. Entonces, podríamos ver las elaboraciones en donde los padres se destacan como objeto de investidura en la idealización o devaluación; en el erotismo o abstinencia; en la función generadora o educativa; también existe la situación inversa como el papel que la hipersexualización de los padres desempeña. Existen abuelos seductores que vuelven inconsistentes la imago del padre, corrompida por la parte maldita.

Freud (1914) supo ver que los padres pueden realizar a través de los hijos sus sueños incumplidos porque incapaces de forjarse un ideal, creen que el hijo les robará muchas cosas y al darles la vida se imaginan en posición de perdedores. Muchas de las actitudes ambivalentes de los padres tienen que ver con el temor de que a los hijos se les despierte su curiosidad intelectual. El deseo infanticida está fuertemente anclado en las memorias colectivas en el miedo al parricidio.

La transmisión es un trabajo de vínculo, que contiene una demanda de elaboración a la generación siguiente, de lo que no ha podido ser pensado (la parte maldita) y que por esto se crean mitos para restituir a la generación anterior a legarla a la siguiente en forma menos condensada y abrupta.

El descubrir un mito ayuda a no repetir y a actuar ya que los efectos emergen una o varias generaciones después. La evocación de los ancestros en la terapia de pareja es uno de los momentos más emotivos, de solemnidad, de incomodidad o de horror y con frecuencia de reencuentros. La familia sale más estrechamente ligada. Desde la metapsicología, vemos que en cuanto a lo económico, el objeto transgeneracional extrae su fuerza de la libido de otro, a menudo desbordante. Desde el punto de vista dinámico, el objeto transgeneracional es fruto de fidelidades contrarias donde un conflicto conduce a compromisos en forma de síntomas, identificaciones y dificultades de carácter. Desde lo tópico, la organización del aparato psíquico, el yo es marcado por clivajes y espacios vacíos. Desde el momento que el ancestro impone el silencio, el narcisismo resulta perturbado y afectado cuando los secretos se revelan; es así que se comprende mejor el superyó si vemos las relaciones de objeto del otro que trabajan en su constitución. Enríquez, M. (1993) intenta explicar cómo una realidad psíquica modela a otra realidad psíquica que existe entre los hijos y los padres y que está cargada de idealización. Considera esta autora que mientras más locos son los padres, más idealizables son y en mayor peligro está el hijo de transformarse en un bebé sabio como una medida de protección contra sus padres locos. Los padres locos favorecen la fragmentación psíquica en los hijos. De igual manera, se pregunta esta autora, cómo se produce un discurso delirante comentando que éste se pasa en primer lugar por la voz, persecutoria, identificante, de la cual el hijo o los hijos no pueden sustraerse. El sufrimiento ejerce un terrorismo y su dimensión proyectiva trae consigo efectos devastadores.

CASO CLÍNICO:

Ana y Jorge solicitan tratamiento debido a problemas de violencia entre la pareja.

Tienen dos hijos y no pueden ponerse de acuerdo con las reglas de comportamiento. Los dos hijos de 7 y 9 años tienen problemas en la escuela debido a su comportamiento, así que los padres son llamados con frecuencia a la escuela. La relación sexual entre Ana y Jorge es muy escasa y esto provoca en Ana una terrible frustración diciendo a él que no la puede satisfacer en nada y a los hijos que su relación con su padre es de sometimiento y que es un pobre idiota. El se enoja y le ha dado cachetadas y la ha aventado a la cama denigrándola y diciéndole que no le atrae y que es una mujer sin la menor gracia y que no sirve ni para excitarlo. Jorge es el menor de cuatro hijos, todos trabajan con el padre y su madre siempre fue una mujer que nunca los defendió de la violencia del padre. El puesto que tiene en la empresa del padre es el menos importante ya que sus tres hermanos mayores toman las decisiones y cuando tienen juntas no llaman a Jorge. Ana fue la única mujer de tres hijos y la confidente de la madre. Desde pequeña acompañaba a su madre a todos lados y siempre la defendía de su padre y de sus hermanos cuando éstos la criticaban. Jorge permanece ligado a las frustraciones del padre ya que por lo que se ha analizado en las sesiones de pareja, nunca fue aceptado por su padre debido a que cuando se iban a separar los abuelos de Jorge, la abuela resultó embarazada y nunca se pudieron separar, pero desde que el padre de Jorge era pequeño el abuelo lo maltrataba y le decía que nunca debería haber venido al mundo. Se observa que el padre de Jorge nunca ha podido elaborar el duelo por el maltrato de su padre y lo trasmite a su hijo, quien cumple con los mensajes del padre que no sirve para nada. Jorge se casa con Ana quien a su vez, tiene una historia materna en donde las trasmisiones familiares fueron de carencias ya que la abuela se muere y el abuelo materno se casa con una mujer 20 años menor que él que no quería a sus hijos, que eran dos. La madre de Ana, desde que ella nace, se simbiotiza con su hija y organiza su relación con ella en torno a sus deseos y carencias. Esto lleva a Ana a identificarse inconscientemente con la madre, quien no pudo elaborar el duelo de su propia madre, por lo que está ligada a ella a través de esta insuficiencia psíquica y en las expectativas de la madre que reencarne a una madre amorosa. Jorge a su vez reencarna a un padre frustrante al que permanece ligado inconscientemente a través de las frustraciones y sufrimientos que este padre le hizo padecer. La pareja, al repetir la historia transgeneracional, no se ha dado permiso de vivir su propia historia sino la historia inconclusa de sus padres.

Capítulo VI

LO FEMENINO Y TEORÍA PSICOANALÍTICA

El saber sobre el cuerpo de la niña se relaciona con la represión de los adultos en cuanto al conocimiento de su vagina como de la existencia de mitos y creencias sobre la sexualidad infantil, falsificando la experiencia que pueda originarse en su cuerpo. La vagina queda incluida en la teoría de la cloaca ya que la niña experimenta sensaciones que provienen de una abertura que se encuentra por delante y no por detrás. (Dio Bleichmar, 1998)

Existe una irrepresentabilidad de la vagina en el inconsciente, por lo que hay que distinguir entre falo y vagina.

IMAGEN INCONSCIENTE DEL CUERPO DE LA MUJER

En los primeros momentos de la vida del ser humano, en su espacio somatopsíquico, el objeto va tomando forma a través del sentir interno oral y total, confundido con el sentir global corporal. La envoltura psíquica se organiza en base con el contacto del cuerpo materno, por lo que el espacio psíquico se va a constituir en base a percepciones que vienen del exterior y que se perciben en el interior. En la niña todo se concentra en el espacio interior; todo lo experimenta en el adentro. De la misma forma que Freud refiere que la pulsión requiere de un apoyo somático, también podemos hablar del investimento del cuerpo mediante el deseo de otro, ante todo el de la madre. Este cuerpo lleva la transmisión de una historia como de espacios en blancos que no se inscribieron. El cuerpo (cambios, sexualidad, accidentes) se convierte en representante del otro donde observamos que la relación yo-cuerpo, sustituye la relación yo-otro. Sin embargo, paradójicamente el sufrimiento y el conflicto es lo que garantiza la permanencia de la relación en las pacientes que a continuación se comentarán. Esto significa que el cuerpo no es propio. Es el odio el que impide el nacimiento ya que este cuerpo para la madre representa una culpa por no amarlo lo suficiente debido a lo cual se fusiona con éste para defenderse de su agresividad reprimida. La sobreprotección de la madre surge como formación reactiva al desapego y como una manera de acallar la angustia de fragmentación (de la propia madre). Tiene una incapacidad para responder a los deseos auténticos de la hija. Observa únicamente lo exterior del cuerpo trasmitiéndole inconscientemente conflictos de identidad. Le desplaza a la hija su propia castración. Este sufrimiento modifica el estado del cuerpo, siendo el peligro lo que provoca emoción en la hija.

El impulso hacia el objeto exterior se confunde entre la necesidad oral y la necesidad sexual. Esta niña puede también fabricarse una cerrazón al mundo ocular, el cual se opone a la penetración ya que puede sentir la mirada como penetración.

Puede también derivarse de la homosexualidad natural que la vincula con su madre y protege así en ella a su propia madre de la penetración por el padre y se reserva a la vez el cuerpo materno y el pene paterno. Muchas veces en la frigidez como en el vaginismo, se puede detectar una sobreexcitación visual en la infancia.

El psiquismo femenino está influenciado directamente por su anatomía. Ya Freud en 1932 mencionó que la mujer no era hombre por la falta de pene. En la mujer se observa el hueco, como equivalente simbólico del falo. El hueco se considera una apertura hacia una profundidad en donde existe un lugar con actividad propia y autónoma. Puede ser un receptáculo productivo o destructor.

DIFERENCIA DE LOS SEXOS

El falo aparece como teoría sexual tanto en el niño como en la niña para dar una respuesta a la diferencia de los sexos, imaginando a la madre con un falo. Ambos creen que el falo aparecerá en la zona uretrogenital. Estas formulaciones son herederas de una concepción más general del psiquismo humano y de los procesos de simbolización. En el "Fetichismo" (1927) Freud señala que el falo es una simbolización del pene, figurando el fantasma del órgano que debía poseer la madre.

LA MUJER FÁLICA
Laplanche y Pontalis (1980) definen el termino de mujer fálica indicando que la niña puede concebirse a sí misma como un equivalente del falo, manifestarlo a través de su comportamiento y vivir la relación sexual bajo una modalidad que supone que ella le aporta el falo a su pareja.

En el hombre la ley del padre exige renunciar sólo a la madre para tener acceso a todas las demás mujeres, en el caso de la niña, la prohibición consiste en una renuncia a la sexualidad en su conjunto, sino a la sexualidad para poder acceder al amor de un hombre y a través del amor gozar de una sexualidad que no amenace el narcisismo del yo/género femenino.

LA CULPA
La maternidad siempre actualiza la relación con la propia madre debido a configuraciones inconscientes vinculadas a restos de inscripciones arcaicas que no se han simbolizado. Si la madre cuenta con el apoyo narcisista y libidinal de su pareja, puede aceptar el rechazo de su hija sin culpabilizarse.

La madre "devoradora" (Dio Bleichmar, 1998) es una mujer que, de acuerdo a la teoría freudiana, ha instituido a la hija en único soporte para mantener el balance de su sistema ideal del yo-superyó, es decir, su sistema narcisista.

La madre no puede sino culpabilizar a su hija por el abandono afectivo. Cuando la niña descubre la diferencia anatómica y la función de los órganos genitales, puede atravesar por angustias de castración en la medida en que la teoría sexual infantil permanezca vigente para ella, pero esto es pasajero y no se configura en un complejo que domina su proceso de estructuración, tiene otras ansiedades propias que no son las de castración, sino ansiedades sobre sus genitales femeninos.

LA IMPORTANCIA DE LA FIGURA DE LA MADRE
El apego, cuidado, vitalidad y amor maternal se debe a la figura de la madre como ideal. La figura de la madre va a configurar un primer tiempo del género femenino. Para la mujer la ansiedad

proviene del temor a la pérdida de amor. Se sabe que la niña alcanza el complejo de Edipo más tardíamente que el hombre y que la sexualidad para la niña es doblemente amenazante en tanto pulsión implantada y violencia que padecer.

SENTIMIENTOS FEMENINOS HACIA SU SEXUALIDAD

En algunos casos en mujeres se observa que ellas sienten su sexualidad ajena a ellas. Sienten la sexualidad legítima para los hombres, por lo que quieren tener actitudes masculinas. Valoran lo masculino y devalúan lo femenino. Sienten que lo masculino es algo permitido, que el ser mujeres es sentirse humilladas, castradas y agredidas. El desnudo para ellas es sentirse expuestas, avergonzadas y poco reconocidas, es estar en un mundo de adultos donde ellas no tienen derecho a gozar de éste.

EL PROCESO DE ELABORACIÓN EN LAS MUJERES

Existen intentos de elaboración en las mujeres desde que surge el complejo de castración cuando observa los genitales del sexo contrario. Al notar la diferencia, lo aceptan y lo empiezan a significar, más no aceptan este hecho fácilmente. Por mucho tiempo persiste en el inconsciente. Es a través de una profesión intelectual que el deseo reprimido de ser reconocidas aparece de manera sublimada (Young-Bruehl, 1990).

Lo que permite la elaboración en las mujeres es:

1. El conocimiento como la legitimización del placer femenino y de sus órganos.
2. El poder disminuír las angustias persecutorias como la culpabilización.
3. El poder reconstruír su imagen a través de la transferencia.
4. Deconstruir las teorías sobre la sexualidad femenina.
5. Reconstruir tanto las imágenes paternas y maternas.
6. Reconstruir su feminidad también a través de la transferencia.
7. Que el terapeuta funcione como figura de contención.

En los estudios sobre la histeria, Freud (1893-95) nos habla de sus primeras pacientes: Anna O, Emmy von N., Lucy R, Katharina,

Elizabeth von R. y Dora. En todos estos casos, que Freud calificó de histeria, existía un trauma psíquico o el recuerdo de él, que desaparece cuando se hace consciente el recuerdo como el afecto relacionado con este evento. En todos estos casos existía una conversión física en donde la excitación psíquica se trasladaba a un síntoma corporal permanente. En todos estos casos descubrió Freud que existía una en donde existía una neurosis sexual. El problema psíquico negado se convertía en una conversión.

Es interesante observar cómo en todos estos casos existía un vínculo hacia el Padre, en donde las raíces de la histeria provenían de la seducción del padre hacia las hijas, que posteriormente Freud se dio cuenta que los deseos sexuales provenían de las hijas y provocaban en ellas una gran culpa que desplazaban al cuerpo, en donde existía una escisión entre los procesos conscientes e inconscientes. La tramitación con posteridad de los traumas hacía que Freud pudiese desalojar la representación erótica del conflicto y que trasladaran el afecto al dolor somático. En estos casos, la muerte del padre en varias de ellas complicó el proceso e hizo que un grupo de representaciones se mantuvieran aisladas. La defensa era la de la conversión. La conversión en estas pacientes inició cuando sus deberes entraron en conflicto con su erotismo y cuando desautorizaron sus pensamientos eróticos. En este afecto no tramitado Freud observó esta escisión.

En esta época, estos casos que planteó Freud tenían serios problemas con su sexualidad. La relación con sus padres y la devoción que ellas tenían hacia ellos, les hacía negar sus fantasías que al no tramitarlas, las expresaban en el cuerpo, a través de síntomas.

Es importante mencionar que las mujeres que mencionan que han sido oprimidas, esto se debe a lo social y no a lo psicológico (Chodorow, N.J., 1989). Las mujeres se han quejado de la desigualdad en los salarios, en la segregación, en el abuso, la división poco equitativa del trabajo de casa. Comenta esta autora que la opresión femenina tiene tintes políticos, económicos y sociales. Otra posición maneja que la mujer está sometida socialmente y que de acuerdo como las mujeres crecen, se puede observar que se les enseña a ser buenas con los hombres y a someterse a ellos. Es decir, que existen mensajes sexistas que influyen en el comportamiento femenino. Esta autora afirma que el hecho de haber sido nutrida por una mujer, hace que tanto los hombres como las mujeres desarrollen diferentes experiencias en el género y en la identidad de género. Afirma que las mujeres crecen con capacidades de relacionarse distintas a los hombres ya que los hombres niegan las conexiones afectivas y reprimen su mundo interno. Relaciona a diversos autores en relaciones objetales como Banjamin, Flax y Keller que comentan que los hombres tienen una necesidad de dominar a las mujeres y a negarlas.

Evidentemente, existen diferencias en la organización sexual de los hombres y las mujeres. La teoría psicoanalítica es una teoría de la sexualidad y la forma como la sexualidad se desarrolla tanto en hombres como en mujeres. Para Freud no existe una masculinidad o feminidad innata. Somos potencialmente bisexuales. La manera como un hombre o una mujer fantasean es distinta y debe de ser creada. En donde simboliza siente e internamente representa acerca de su fisiología, se consideran aparte de la biología. (Chodorow, n.J., 1989).

En cuanto al complejo de Edipo, la niña quiere el pene del padre para refugiarse de su madre, identificándose con ella y relacionándose con ella para aprender a relacionarse con los hombres. Freud implica que la atracción hacia los hombres se va creando. (Freud, 1925). En cuanto a la teoría del complejo de Edipo, en los hombres se observa una reproducción de un dominio masculino. Existe en los hombres una superioridad donde sienten que la mujer es un ser inferior al no tener pene. El dominio masculino se ha visto que es una defensa en los hombres y el temor por madres dominantes que han sido terriblemente demandantes.

En varias parejas esta situación se puede ver claramente en su gran dificultad para vincularse ya que en la intimidad aparecen los miedos y sus temores. En su historia, las madres fueron intrusivas y dominantes en ambos casos e inconscientemente se repetían estos patrones que se manifestaban en la sexualidad de la pareja. En la teoría Freudiana se observa cómo la feminidad se desarrolla de la misma manera como se organiza el sexo, el género, la procreación y la parentalidad. La opresión femenina es de índole social, no psicológica Freud hablaba de que potencialmente éramos bisexuales, activos, pasivos o perversos polimorfos. Lo femenino se hace, y somos producto del desarrollo. Chodorow, N. (1989) comenta al respecto cómo una estructura familiar produce una ideología del dominio y superioridad masculina así como la devaluación de la mujer. De igual forma, afirma que las capacidades maternas se logran a través de la madre. Observamos cómo el dominio masculino llega a ser defensivo basado en la inseguridad como el temor de los hombres hacia determinadas mujeres. Esto nos hace reflexionar cómo una mujer puede responder a su ambiente como a sus experiencias, sin embargo no significa que no tenga la posibilidad de modificar para lograr un cambio.

De acuerdo a la teoría sexual de Freud, inició explicando los síntomas de sus pacientes neuróticas como sexuales en su naturaleza y que tenían su origen en la infancia y que su contenido se debía a la irritación de los genitales. Respecto a la teoría de la seducción en estos eventos infantiles se manifestaban en síntomas como tics, parálisis, tos, catatonia y en los sueños y fantasías de sus pacientes, pero que estos eventos no estaban reprimidos hablando de un evento posterior en donde el evento traumático se retranscribe de acuerdo a nuevas circunstancias. Los traumas infantiles, comenta que operan a posteriori como si fuesen experiencias actuales. Posteriormente, en 1897 le escribió a Fliess, diciéndole que no creía en su neurótica ya que en sus sueños tuvo sueños de seducción con su hija, lo cual era una fantasía debido a lo cual abandonó la teoría de seducción comentando en "tres Ensayos de teoría Sexual" (1905) en donde habla de que no se puede distinguir entre la realidad y la ficción, sino que son producto de la fantasía.

Habla Freud del evento universal: El Edipo. Desde la edad temprana el niño está luchando con el intento de solucionar su relación con sus padres. Asimismo en "la Interpretación de los sueños" (2900), también se observa el comportamiento de los psiconeuróticos, que los deseos sexuales del niño se despiertan desde muy temprana edad y que el afecto de la niña por su padre y el del niño por su madre es más difícil por la niña, independientemente del hecho de que ambos inician su vida con un vínculo con el primer objeto: la madre.

Lo importante del significado del complejo de Edipo es la insistencia de Freud que los deseos del niño son sexuales e incestuosos. El niño se da cuenta que posee un órgano y la niña no, debido a lo cual se imagina que pueden quitárselo. Las diferencias sexuales en la fantasía del niño consiste en ser o no ser castrado como amenaza del padre por el deseo de la madre. Lo soluciona cuando encuentra un sustituto de la madre y se identifica con el padre, añorando el poder del padre.

La niña se considera castrada por alguna falta cometida y que le quitaron el órgano masculino haciendo que envidie el pene. Su complejo de castración concluye sus deseos edípicos. Lo soluciona cuando tiene un sustituto fálico, aceptando un hijo como sustituto del padre.

Para Freud, la naturaleza femenina está determinada por su función sexual.

De acuerdo a Chodorow (1996), el complejo de Edipo femenino es más complejo que en el hombre, afirmando que nunca se soluciona totalmente debido a que no teme la castración, sino la intimidación, su crecimiento y el miedo a perder el cariño, hacen que renuncie a sus deseos edípicos. La niña logra su heterosexualidad al acercarse al padre para obtener el falo (equivalente a un hijo).

Freud consideraba que las mujeres son inducidas a disminuir sus intereses sexuales o a entrar en el periodo de latencia con un temor de amenazas y con un sentimiento de humillación. Aprenden a aceptarse como "castradas." Sin embargo, en muchas mujeres se observa una hostilidad hacia el hombre.

EJEMPLO CLÍNICO:

María y Pedro se casan y en el momento que regresan de su viaje de luna de miel, María siente que se equivocó totalmente en su decisión ya que desde el inicio Pedro modificó su actitud hacia ella y le pedía que se quedara en casa mientras él salía a trabajar. María deja su trabajo y decide que va a depender económicamente de Pedro. Los celos de Pedro fueron aumentando y estaba continuamente checando si estaba en casa. María, que al principio se negaba a aceptar este papel, poco a poco fue asumiendo este rol pasivo y empezó a subir de peso y a descuidarse. Se sentía muy devaluada y consideraba que ya no la iban a contratar en ninguna empresa, decidió entonces que su alternativa era solamente embarazarse. Su mismo estado emocional no permitía que se embarazara y su relación con Pedro se volvía cada vez más distante.

En su historia familiar, María fue la 4ª hija de una familia en donde sus tres hermanos se hacían cargo de la empresa del padre. Ella terminó una maestría a instancias de su mamá quien le trasmitía a la hija el deseo de superarse ya que la madre siempre tuvo un papel secundario.

En cuanto a Pedro, fue el hijo mayor de dos hermanos y el consentido de la madre, debido a lo cual, le cumplía todos sus deseos creando un hijo demandante que no toleraba la frustración. Esto hizo que no tolerara frustración alguna y sabía acercarse a todas las mujeres seduciéndolas y haciéndolas sentir que era un hombre irresistible.

La relación con su padre fue siempre una relación de lucha en la que siempre lograba que su mamá lo apoyara. Pedro estudió en el extranjero y cuando venía a México era asediado por muchas mujeres ya que era un hombre bien parecido y exitoso económicamente.

Capítulo VII

LO MASCULINO Y TEORÍA PSICOANALÍTICA

El amor sexual en el hombre no puede ser visto como una forma exclusivamente debido a que está teñido de fantasías y deseos, de una historia cultural de sentimientos conscientes e inconscientes, de temores acerca de la intimidad, de dependencia, destructividad, poder, impotencia; todos estos sentimientos ligados a un sentido del self desde pequeño y de acuerdo a sus relaciones objetales introyectadas.

Existe en el hombre una mezcla de cultura y mundo interno. El hombre escoge determinados objetos de deseo o tipo de objetos de los cuales obtiene determinado tipo de experiencias.

La teoría del complejo de Edipo, planteada por Freud fue propuesta para dar cuenta del desarrollo psicosexual del niño, constituyendo un eje a partir del cual se pueden comprender diferentes fenómenos socioculturales.

Freud propuso que existe una excitación sexual que afecta a determinados órganos del cuerpo y que busca la descarga y gratificación, pero que existen también fuerzas inhibitorias que se contraponen a esa pulsión sexual.

La actividad sexual viene a ser una expresión de un "Yo" que se construye en función de la realidad, el "Yo" del sujeto se nutre con significaciones sexuales compartidas en el imaginario social. La sexualidad, no es una propiedad de individuos aislados, sino de sujetos sociales integrados dentro de un contexto de distintas y diversas culturas sexuales preexistentes.

En Tres Ensayos sobre Teoría Sexual, Freud (1905) define lo siguiente: entre los 3 y 5 años se inicia la actividad que responde a la pulsión de saber o de investigar. Su acción corresponde a una manera sublimada de apoderamiento y trabaja con la energía de la pulsión de ver. Pulsión de saber ligada a la pulsión sexual infantil.

Afirma que aunque son teorías falsas, se plantea preguntas sobre su propia existencia. Quiere saber de dónde vienen los niños y supone que todos los seres poseen un genital como el suyo.

Menciona la Teoría de la cloaca: como los hijos son concebidos por la boca y paridos por el ano. Liga el orden de la satisfacción pulsional del comer con la satisfacción pulsional de la zona erógena anal. Esta teoría va de la mano de que no existe diferencia entre hombres y mujeres (es solidaria con la ausencia de los sexos).

La Teoría del nacimiento: Al preguntarse de dónde vienen los niños, el niño supone que los hijos se conciben por haber comido algo determinado y se los da a luz por el intestino, como la materia fecal (teoría de la cloaca).

Freud menciona la teoría de la concepción sádica del coito: el niño inscribe la escena sexual que ve a partir de su propia constitución pulsional (función de apoderamiento: dominación muscular) en el sadismo del masculino es activo y el femenino es pasivo.

Otro aspecto es la concepción sádica del comercio sexual: si los niños son espectadores del comercio sexual entre adultos, concibe el acto sexual como una especie de maltrato sádico. Los niños se preguntan qué es estar casados y buscan las respuestas en las funciones de micción y defecación (ir juntos al baño, verse la cola).

Otra premisa universal del pene: el enigma por la diferencia de los sexos también involucra una pregunta por la propia existencia. La diferencia de los sexos desmentida en el punto en que hay algunos a los que les falta el pene. Que todos tenemos pene, y que a las mujeres ya les crecerá. La madre tiene pene, ella provee todo lo que el niño necesita. Al mismo tiempo que se quiere saber, también está el deseo de no saber que esta premisa no es universal (apego a la idea de castración). Entonces aparece otro modo de inscribir la idea del sexo entre los que tienen y los que no tienen: fálico (masculino) es opuesto a castrado (femenino). Esta diferencia de los sexos no es una cuestión biológica, sino que es un proceso psíquico.

Otro es el complejo de castración y envidia del pene: El niño cree firmemente en la universalidad del pene pero debido al complejo de castración abandona esta creencia (al comprobar que la mujer no tiene pene supone que ha sido castrada). El efecto de esta amenaza de castración es, como corresponde a la alta valoración del órgano amenazado, extraordinariamente profundo y duradero. Todos estos hechos no contradicen, ciertamente, la teoría sexual infantil de que la mujer posee, como el hombre, un pene (el clítoris). La niña muestra un vivo interés por los genitales masculinos y es presa de la envidia del pene al punto de desear ser un varón.

Las teorías sexuales infantiles son producto de la constitución sexual del niño y nos hacen ver la comprensión sobre los procesos sexuales. Sin embargo, no habla de dos elementos: el papel del semen fecundante y la existencia de la abertura sexual femenina.

Sin embargo, la manera cómo se introyectó la figura del padre y de la madre, junto con las bases culturales, son básicas en el hombre. Asimismo, desde la infancia se fantasea con el amor de acuerdo a los mitos, a los libros, a las películas y a la televisión. Las historias de pasión, de deseo sexual y cumplimiento de fantasías, han tenido una influencia en el deseo masculino. En los casos clínicos de Freud, del hombre de los lobos y del hombre de las ratas, ambos se vincularon con mujeres de servicio, en donde ellos se sentían superiores con cierto desprecio hacia las mujeres.

Observamos cómo los hombres que tienen poder social, económico y familiar se viven con mayor jerarquía que las mujeres. Generalmente escogen mujeres débiles que los admiren y a las que puedan dominar. Ellas, a su vez, se sienten tan devaluadas que necesitan al otro para sentirse valoradas. Se considera una colusión narcisista.

J. Willi (2002),y siguiendo la nomenclatura Freudiana, describió cuatro tipos de colusión (este concepto se define como un acuerdo inconsciente entre ambos miembros):

NARCISISTA, donde predomina la admiración. Ambos se necesitan porque el que destaca, necesita del otro para ayudarlo a destacar. Ejemplos comunes serían por ejemplo; jefe-secretaria, médico-enfermera.

ORAL, donde existe la desmesurada preocupación del uno por el otro. Como ejemplo observamos al cuidador-cuidado.

ANAL, centrada en el control. Uno necesita dominar sobre el otro, sin olvidar que el que domina suele ser el más débil.

FÁLICA, afirmación masculina pasivo-activo, donde el que tiene el papel más activo es quien tiene el falo. Seducción. Rivalidad por el papel masculino. El conflicto aparece cuando se pierde el atractivo.

Cómo se relacionan los hombres, va a estar influenciado por las relaciones y las fantasías de la primera infancia. Los hombres aman de acuerdo a su relación con sus madres, dependiendo del vínculo si fue de ternura o de sometimiento y depende de la negociación interna de su relación con su madre o cuidadora. Generalmente la relación con la madre simboliza en ambos sexos el nutrimento o el rechazo y el placer corporal, la vergüenza, culpa o resentimiento.

EJEMPLO CLÍNICO:

Jorge tiene 45 años y es el mayor de tres hermanos. Se casó con Martha que tiene 40 años, la menor de 3 hermanas.

Jorge ha tenido que trabajar desde muy joven, pagándose sus estudios y ha sido el proveedor de su familia de origen, ya que sus dos hermanas son mujeres y nunca trabajaron, se casaron y las dos se divorciaron. El padre muere cuando Jorge era adolescente y él se volvió el representante de la familia. El se hace cargo de la madre y de las hermanas tanto económica como emocionalmente. El ha tenido mucho éxito, que ha logrado a base de un gran esfuerzo, lo cual le ha permitido a la familia vivir de una forma muy desahogada. Ha podido comprarles bienes a su madre, a sus hermanas y tener propiedades tanto en el país como en extranjero. Jorge visita a su madre todos los días por la mañana y por la noche. Sus hermanas van por las noches a casa de la madre para platicar con Jorge y le piden consejos tanto económicos como emocionales, situación que satisface mucho a Jorge porque se siente el patriarca de la familia. Cuando salen de viaje le exige a Martha que vayan sus hermanas como su mamá con ellos ya que comenta Jorge que para eso compró propiedades en el extranjero.

Martha es la tercera hija de tres hermanas mujeres. Su madre se murió de cáncer cuando ella era adolescente y su padre se volvió a casar y tuvo dos hijos hombres. El padre no tiene relación con sus hijas ya que la nueva esposa no quiere saber nada de ellas.

Martha fue rechazada por su madre, ya que cuando estaba embarazada de ella el papá le fue infiel con su actual esposa, y la madre de Martha le adjudicaba a ésta el fracaso de su matrimonio diciéndole que de no haber estado embarazada su padre no le hubiese sido infiel. Comenta Martha que le decía que era muy fea, morena, tonta y que nunca se iba a casar.

Martha se sentía inútil, tonta y fea. En la escuela no tenía amigas y reprobó varios años. No pudo terminar la Secundaria y en la adolescencia se metió a trabajar a un consultorio médico de recepcionista que es donde conoce a Jorge, que era paciente del médico con el que ella trabajaba.

Jorge la invita a salir y ella se siente muy halagada. A los seis meses de estar saliendo, Martha se embaraza y se tienen que casar. La familia de Jorge se opuso a esta boda y nunca han aceptado a Martha por considerarla una oportunista. La madre de Martha no le hablaba y no la vio hasta que nació la hija de Martha. La madre de Martha muere cuando la hija de Martha tenía dos años. Martha se embaraza otra vez y tiene otra niña. Comenta Martha que la familia de Jorge empieza a entrometerse y a decirle cómo educar a sus hijas.

Jorge y Martha empiezan a tener problemas desde que sus hijas eran pequeñas. Jorge salía con sus amigos y llegaba a altas horas de la noche. La mamá de Jorge le decía que Jorge se iba porque ella no le daba lo que necesitaba. Sus relaciones sexuales eran poco frecuentes y ella descubre que el salía con otras mujeres pero él se lo negaba y la amenazaba con correrla de la casa.

En esta pareja podemos observar cómo Jorge no ha podido resolver su relación edípica con su madre a quien considera su pareja. Existe esta violación de límites generacionales en donde es visto como el patriarca que nunca ha roto con su familia de origen. Martha se sometió a Jorge y repitió su historia de no sentirse vista ni valorada. Fue lo que la unió a Jorge y los dos repitieron su historia creando entre ellos una colusión narcisista en donde se complementan los dos y ambos se defienden de romper con su familia de origen. El papel que juega Martha es el papel de ser rechazada y devaluada, igual que con su madre introyectada, y se siente valorada viviendo precariamente para complementarse con los logros económicos y sociales del marido ya que sólo se siente valorada por ser esposa de un hombre exitoso social y económicamente. Ha tenido que ceder a sus derechos de ser madre ya que su suegra es quien decide qué hacer con sus hijas. Sus hijas prefieren estar con su abuela que con ella.

La pareja solicita tratamiento porque empieza a haber mucha agresión entre ellos y en dos ocasiones llegaron a golpearse.

Capítulo VIII

INCAPACIDAD DE LA PAREJA DE UNA VIDA
SEXUAL SATISFACTORIA

Los conflictos sexuales en una pareja son inevitables ya que ambos se tratan como dos personas que son objeto de sus necesidades, de sus deseos y de sus conflictos. Las representaciones internas de cada uno se manifiestan ya que existe un deseo de trabajar con las relaciones pasadas. Sin embargo, cada cónyuge va a defenderse del retorno de lo reprimido y de reexperimentar el pasado, aunque se esté repitiendo.

La pérdida del deseo sexual se puede ver como una defensa, a veces impenetrable donde el problema se proyecta en el otro cónyuge.

En la pareja, la sexualidad se desarrolla a través de las relaciones objetales y Rix y Shmueli (Clulow, 2008) comentan que para Fonagy el objeto libidinal es un objeto perdido que no puede ser encontrado, que la madre sexualiza al bebé seduciéndolo y dejándolo con un significado de inaccesibilidad en donde si no hay un espejeo, no existe una contención y que cuando existe un espejeo incongruente, existe una incongruencia en la experiencia del self que se asocia con lo psicosexual.

Muchas de estas parejas se han visto sobrepasadas por la cercanía, no pueden lidiar con ella. Esto se da debido a que ninguno de los dos tiene un sentido sólido de los límites corporales. Muchas veces la pérdida del deseo sexual se puede pensar como una amenaza de los límites del self y como una defensa para protegerse contra la ansiedad y de la fusión.

Existen parejas en donde la indiferenciación, la ambivalencia y el conflicto no son manejables. Comparten un proceso mutuo de identificación proyectiva con una imagen interna idealizada. En estas parejas los límites son confusos y cuesta mucho trabajo la diferenciación. Existe una necesidad de controlarse.

CASO CLÍNICO:

En el caso de Jaime y Amanda, ambos se casaron con la convicción de que era la pareja perfecta. Ambos habían tenido conflictos con sus madres y se fueron a vivir solos antes de casarse. Los dos inician su matrimonio estableciendo una relación en donde la identificación proyectiva mutua funcionaba para proveerles un equilibrio. Ambos habían tenido madres abandonadoras.

En la pareja todo funcionaba en un perfecto equilibrio hasta que después del nacimiento de su hija, empezaron a tener problemas sexuales. Había un gran distanciamiento entre ellos y reclamos todas las noches porque Jaime se acercaba a Amanda de cierta forma que a ella le provocaba rechazo y desesperación. Jaime se enojaba y le reclamaba que lo único que le preocupaba era su hija. Amanda le comentaba que estaba cansada y la niña le requería un gran esfuerzo. Al explorar sus relaciones de objeto, Amanda describió que su madre era muy joven cuando la tuvo. Se embarazó a los 18 años y se tuvo que casar con el padre de Amanda, del que no estaba enamorada. Cuando Amanda nace, su madre entra en una depresión profunda y la dejaba llorando por horas. El padre de Amanda trabajaba todo el día y cuando regresaba quería atención de su esposa. Amanda recuerda que durante su niñez, la madre se la pasaba viendo la televisión y hablando con sus amigas. La noche se volvía una pesadilla para ella porque tenía que taparse los oídos para no escuchar los insultos que le propinaba el padre. La madre no veía a su familia ya que la familia estaba muy enojada con ella por el embarazo. No querían conocer a Amanda. El padre de Amanda le pagaba una buena escuela y así ella continuó sus estudios hasta la Universidad. Pero sus padres se divorciaron cuando ella tenía 14 años. Se quedó a vivir con su madre y veía a su padre con cierta frecuencia. La madre solicitó tratamiento psiquiátrico e inició un trabajo en bienes raíces.

Jaime fue el menor de 7 hijos. Su padre era un hombre exitoso. Viajaba varias veces al año con su esposa. Jaime se quedaba con sus hermanos y estaba mucho tiempo solo. Los padres no tenían relación con sus propios padres y hermanos debido a que provenían de familias de escasos recursos y esto era motivo de envidia y rivalidad por el éxito adquirido y su posición actual. Jaime creció muy solo ya que su mamá no tuvo el tiempo para estar con él debido a sus frecuentes viajes con su marido.

Jaime y Amanda se conocieron en la Universidad y se sintieron identificados por su aislamiento. Ella se había salido de su casa porque sentía que su madre trabajaba todo el día y Jaime tenía un departamento debido a que su padre le había ofrecido un buen trabajo que le permitía vivir bastante holgado. Desde que iniciaron su relación, no se separaron y crearon un mundo ideal en donde participaban solamente ellos.

Todo funcionaba aparentemente bien sintiéndose una sola persona hasta que se sintieron que la hija irrumpió esta unión. No podían verse como entes separados. Estaban fusionados simbólicamente en un solo cuerpo y llenar ese vacío a través de la identificación proyectiva en donde cada uno esperaba que el otro llenara el vacío que tenía.

En esta pareja se puede observar que no se unieron para formar un vínculo, sino para evitarlo ya que una relación requiere que dos personas estén separadas y tengan un espacio psíquico.

La identificación proyectiva en esta pareja era el resultado de negar la existencia psíquica del otro. Esta pareja en su elección inconsciente se unió con aspectos disociados del self con los que quería contactar. Se unió de manera defensiva para no confrontarse a sus carencias. Cuando nace su hija, la pareja se siente amenazada y emergen los conflictos que ninguno había podido resolver. Una manera como esta pareja trataba de separarse era a través de la separación física, situación que provocaba una gran ansiedad.

En cuanto a la transmisión transgeneracional, en ambas familias existía el mito que la pareja no tenía relaciones con su familia ya que existía una fantasía de destrucción. Ambas madres de esta pareja no pudieron establecer un vínculo con sus hijos debido a lo cual la pareja tenía la necesidad de utilizar esta identificación proyectiva como una manera de defenderse del dolor causado por el abandono. Las defensas compartidas eran parte de una fantasía inconsciente compartida. Los Kleinianos consideran que la fantasía inconsciente es una manera de lidiar con la pulsión de muerte ya que según Susan Isaacs, la fantasía incluye un proceso defensivo. En el caso de Jaime y Amanda, fantaseaban con un matrimonio perfecto protegiéndose de la ruptura de la idealización y de la depresión, dolor y frustración.

LA LLEGADA DE LOS HIJOS

Muchas veces la pasión en la pareja continúa hasta que la mujer tiene un hijo y esto hace que ella se aleje de su pareja debido al tiempo y al cansancio que resulta de la llegada de un nuevo miembro a la familia. Cuando una pareja es más sana, puede idear cómo volver a tener una vida sexual, ya sea contratando a una nana o dejando al bebé con los abuelos para que ellos puedan volver a reencontrarse y poder darse ciertas escapadas, pero en determinadas parejas el hombre no puede ver a su esposa como una mujer con la que puede tener una vida sexual ya que el papel de madre hace que no se pueda acercar y se encela del nuevo miembro. Ocasionalmente el deseo sexual de la madre disminuye notablemente y su energía y cariño lo desvía hacia el hijo.

PROBLEMAS SEXUALES EN LOS HOMBRES

Berkowitz y Yager-Berkowitz (2008) comentan que los hombres que entrevistaron afirmaron que la pasión se terminó en el primer año de matrimonio. Esta encuesta la hicieron con hombres de 26 a 76 años que tenían de un año hasta 26 años de casados. Muchos tomaban medicamentos y otros, de acuerdo a sus esposas reportaron que los hombres estaban enojados y deprimidos y muchos vivían la intimidad como algo riesgoso y era más fácil para ellos mostrar pasión a una amante con quien no existía temor al abandono.

En la mayoría de los casos en donde los hombres no tienen relaciones, se masturban o ven pornografía.

En pacientes que son adictos a la pornografía han comentado en sus sesiones que prefieren quedarse hasta altas horas de la noche viendo pornografía debido a que su relación con sus parejas son insatisfactorias y que su ejecución no es buena ya que la fantasía de tener relaciones con las mujeres que observan en los videos son las que los persiguen.

En estos casos se ha visto que muchos de ellos provienen de un ambiente traumático donde fueron víctima de abuso por hermanos o primos y en donde existe un temor a la intimidad.

En dos de los casos existía un pánico homosexual debido a lo cual decidieron dejar a sus esposas y proyectar toda la culpa a la relación. Estos secretos fueron guardados y nunca lo pudieron hablar. Ninguno tuvo un padre que lo protegiera ni lo salvara de esta situación.

En el caso de F., cuando tenía cuatro años fue abusado por un tío, pero el hecho de temerle a su padre (era hermano del padre) hizo que callara este abuso hasta la adultez en que fue a través de tener un acercamiento con una mujer bastante agresiva, que decidió entrar a un tratamiento psicoterapéutico.

En la práctica cotidiana, los psicoanalistas nos encontramos casos en donde los padres se rehúsan a ser padres y esposos. Un ejemplo es cuando sus esposas muestran signos de embarazos. Una vez que la mujer se embaraza, al parecer el hombre se aleja. Existe una crisis de identidad y muchas veces no puede ser padre porque no sabe cómo hacerlo.

Freud, aunque fue muy cercano a su madre, pensaba que el padre construía el ser social y que al introyectar la figura del padre el hijo introyectaba las bases morales, de allí la formación del súper yo y del ideal del yo. Zoja. L. (2001)

Para este autor la búsqueda del padre es un tema ancestral y arquetípico que simbólicamente le dice a la sociedad y al individuo que un padre es siempre un hombre que hace un esfuerzo continuo que nunca llega a un final definitivo. La búsqueda del padre, más que una necesidad material, se convierte en una necesidad psicológica universal.

Los padres hoy en día consideran que el ser proveedores únicamente los hace padres.

Estrada, L. (2009) menciona que cuando existe una permisibilidad de parte de la pareja paterna, el hijo en lugar de ir almacenando dentro de sí mismo imágenes positivas, constantes, cariñosas, calurosas y cuidadosas de los padres, se enfrenta a una sociedad inclemente que no diferencia entre uno y el otro y que es incapaz de producir los elementos que forman esa consciencia en el niño. Esto ha llevado al grave problema de convivencia, a la falta de respeto, al ver al otro y a la individualidad.

El enojo del hombre es la defensa principal contra la intimidad y muchas veces se debe a que nunca se identificaron con sus padres y por lo tanto huyen al compromiso, por lo que se observa cómo el resentimiento y la rabia reprimida no permiten el acercamiento a sus esposas. Esto se observa en muchas parejas y aquí tenemos el ejemplo de parejas en donde el 57% de las mujeres encuestadas por Berkowitz y Yager-Berkowitz (2009) afirmaron que sus esposos estaban deprimidos y por lo tanto carentes de deseo sexual. Asimismo, la disfunción eréctil que pasa en las parejas, produce una gran inseguridad en las mujeres, como la eyaculación retardada en la que los hombres están tan ansiosos que no se pueden relajar y por esto tampoco satisfacer a sus parejas.

La disfunción eréctil es otro problema sexual en el hombre, ésta puede ser primaria, cuando el hombre nunca ha podido mantener una erección, o secundaria en donde puede existir un problema vascular, hormonal abuso de drogas o trastornos neurológicos.

PROBLEMAS SEXUALES EN LAS MUJERES

Cuando las mujeres son estimuladas sexualmente de manera inadecuada, no existe una lubricación suficiente. Asimismo cuando han tenido una histerectomía puede existir una lesión en los nervios o vasos sanguíneos. También puede deberse a factores emocionales o psicológicos como abusos, disparenia o vaginismo.

FACTORES PSICOLÓGICOS.

Weiner Davis, M. (2003) habla de ciertos factores psicológicos que influyen en el deseo sexual y los clasifica de la siguiente manera:

- Cuando existe una depresión clínica, ya que la depresión interrumpe el sueño, impide la motivación y elimina el deseo, aumenta el apetito e impide el acercamiento con la gente. Esta autora comenta que el 75% de personas deprimidas reportan una pérdida de deseo sexual.
- Cuando las personas han tenido experiencias traumáticas en la infancia, cargan experiencias a su relación de pareja y tienen dificultades para dejar el pasado. Su intimidad

se ve amenazada y a veces tienen flashbacks durante los encuentros sexuales.

- Autoestima baja. Cuando demandan perfección y se sienten menos y cuando solamente se fijan en sus fracasos no existe una necesidad de tener una vida sexual activa.
- Imagen Corporal. Cuando se desagradan y evitan verse sin ropa ya que les produce vergüenza y disgusto. No se relajan por estar siempre conscientes con su disgusto.
- Duelos por pérdidas. Un duelo no elaborado de la pérdida de un pariente, amigo, objeto amoroso o pérdida de trabajo puede ser incapacitante ya que el dolor intenso y el coraje pueden tener un efecto adormecedor que incapacita para seguir disfrutando la vida.
- Maternaje. Cuando una mujer da a luz existen cambios psicológicos que disminuyen el deseo sexual de las mujeres. No se adaptan al papel de madre y esposa y puede negar todos los aspectos de la relación matrimonial.
- Crisis de la Mediana Edad. Cuando se observan los cambios corporales, arrugas, pelo gris, lentes, dolores en las articulaciones, deseo de hacerse cirugías plásticas, el estar cuestionándose su matrimonio.
- Fatiga. Exceso de trabajo, cuentas que pagar, enfermedades de los padres, muy poco tiempo para pensar en uno.
- Stress. El stress no permite dormir bien, problemas que se manifiestan en el cuerpo, sobrecargas, falta de disfrute.

La pérdida del deseo sexual es vista principalmente como una condición femenina (Clulow, C., 2009). Sin embargo, la pérdida de deseo es vista como un problema individual en el contexto de una relación. Cinco temas fueron valorados en la Clínica Tavistok con respecto a este tema y se llegaron a las siguientes conclusiones: 1. El nido vacío que es esencial en la falta de deseo sexual. 2. El hecho de que a la mujer no le gusta perder el control y que la sexualidad en la mujer estaba más integrada con su personalidad e identidad y en el hombre estaba escindida. 3. Existe una confusión entre deseo sexual y función sexual en donde el aprendizaje infantil contribuía a la práctica de la sexualidad. 4. El 25% de las mujeres encuestadas afirmaban que no necesitaban sexo. 5. Antes que la sexualidad, las mujeres describían tristeza, frustración, ansiedad y la pérdida de la relación de la pareja.

La pérdida del deseo sexual en la pareja se ve como una defensa impenetrable en donde existe una escisión y el problema es visto en el cónyuge y no en la pareja.

Sin embargo, la experiencia sexual en parejas no ha sido lo suficientemente explorada.

Fonagy (2008) describe los sentimientos sexuales como los comportamientos como trastornos primitivos. Comenta lo siguiente al respecto:

Que el objeto de deseo se convierte en un objeto perdido que no puede ser encontrado. Que la madre sexualiza al bebé inconscientemente seduciéndolo inconscientemente dejándole una sensación de inaccesibilidad. Que el infante no encuentra una representación metabolizada de su experiencia emociona.

El espejeo incongruente altera la coherencia del self. La excitación sexual no puede ser experimentada como propia.

La excitación sexual adulta debido a sus raíces, es por naturaleza incongruente con el self, debido a lo cual tiene que ser experimentada en el otro.

AMOR SEXUAL MADURO

Es importante mencionar lo que dice Kernberg, O. (1997) en relación al objeto erótico ya que él considera que el deseo erótico se vincula al objeto edípico y comenta que lo que se desea es una fusión simbiótica con dicho objeto y que en el individuo maduro se activa y lo convierte en una relación con una persona específica que implica un compromiso en el sexo, emociones y valores.

Considera que el amor sexual maduro integra: 1) la excitación sexual transformada en deseo erótico de otra persona. 2) la ternura que deriva de la integración de las representaciones del objeto y el self cargadas libidinal y agresivamente. 3) una identificación con el otro incluyendo una identificación genital dual y una empatía. 4) una forma madura de idealización con un compromiso con el otro. 5) el carácter apasionado de la relación amorosa en los tres aspectos: relación sexual, objetal y la investidura superyoica.

Capítulo IX

RECOBRANDO LA LIBIDO

Es a través de la marca de lo heredado, de la huella de los ancestros, lo que va a influir sobre el comportamiento futuro que va a organizar nuestra manera de vivir. Es a través de la transmisión psíquica que vamos a entender nuestra pre-historia como nuestra historia. Es a través de Freud, que hemos revisado cómo nos ha trasmitido la importancia de las huellas ancestrales y de la influencia de éstas en nuestra psique. El no hacer consciente la transmisión transgeneracional nos lleva a disfunciones personales y de pareja. A través de recrear el vínculo transferencial, un individuo o una pareja se hace responsable de sus vacíos o falta de representación. En el trabajo de pareja se trabajan con los conceptos de motivaciones inconscientes y de organización inconsciente como formas de trabajar psicodinámicamente. Se considera que tanto los impulsos agresivos como sexuales, basándose en la teoría freudiana, se originan en la primera relación del bebé con la madre. En las parejas, uno de los elementos que se tienen en cuenta es cómo ayudar a muchas de ellas a entender sus conflictos edípicos no resueltos. En pareja se analiza las señales inconscientes para manejar la realidad.

Se trabaja para sustituir el proceso primario del inconsciente. Freud dijo que la meta del tratamiento era hacer consciente lo inconsciente. También se manejan las resistencias de la pareja cuya función es prevenir que el inconsciente se vuelva consciente. Los mecanismos de defensa descritos por Anna Freud son vistos como forma de estructurar relaciones.

Las parejas que solicitan un tratamiento y que no existe un

deseo sexual entre ellos, es una consecuencia de la pérdida de cercanía. Inconscientemente existe un gran temor de ser invadidos por la cercanía. La experiencia sexual representa la unión simbólica y en muchas parejas existe el temor de perder los límites y se protegen contra la ansiedad.

En psicoanálisis el mundo interno es aquel donde figura el diseño de la interioridad del sujeto, las relaciones de objeto originadas por proyección e introyección en su interacción con los otros parentales, y es construido mediante la fantasía inconsciente.

La identificación es el mecanismo principal de esta interioridad y opera bajo el modelo de la apropiación de cualidades del otro.

Ha sido a través del concepto de identificación proyectiva que vemos en un pareja la fantasía inconsciente en donde los aspectos no deseados del self son escindidos y proyectados a la pareja.

CASO CLÍNICO:

Carla y Manuel. Ambos de 37 años solicitaron tratamiento debido a su dificultad para acercarse. Se casaron con la fantasía de tener una vida satisfactoria.

En el noviazgo su vida sexual era satisfactoria y empezaron a tener problemas sexuales cuando nace su tercer hijo. El niño tiene 4 años, y desde entonces han tenido relaciones cada 6 meses.

Sus pleitos son frecuentes debido a no poder lidiar con el comportamiento agresivo del hijo y ambos se faltan al respeto y se devalúan constantemente debido a este hecho y los hijos viven estos pleitos todos los días. Los dos hijos mayores (de 10 y 8 años) les piden que ya no se peleen, que le pongan límites a su hermano y a la vez, le piden a su hermano que se porte bien. Los padres no se ponen de acuerdo en cómo educar a sus hijos y se responsabilizan uno al otro por esta falla. No existen acuerdos entre ellos de ningún tipo y lo que predomina entre ellos son los reproches y la falta de cercanía y de expresiones cariñosas.

La clínica vincular muestra que dos personas pueden estar juntos sin relación, es decir en situación de abandono. Estar juntos, relacionados y vinculados son tres formas distintas de estar. En esta pareja no se había constituido el vínculo.

Al inicio del tratamiento de pareja se les pidió una historia de su familia de origen para entender la participación de cada uno en el conflicto.

En esta pareja se escuchó a los dos integrantes y se intentó estudiar las dos genealogías. Sin embargo, a veces el sistema no puede ser modificado ya que según el sexo del padre más afectado por los traumatismos antiguos, existe una mayor resistencia al cambio. En el vínculo amoroso de la pareja se mezclan representaciones de objeto y afectos que son esenciales para comprender lo ancestral. La complementariedad de las representaciones ancestrales de cada cónyuge se observa debido a que existe un entrecruzamiento de dos tendencias en donde el compañero remite a lo más alejado de sí mismo (elección exogámica) y a lo más próximo (elección endogámica).

En la historia de Manuel existía una historia de violencia en el abuelo paterno, quien le pegaba a su esposa y a sus hijos (al padre de Manuel). El padre de Manuel era el mayor de sus hermanos y defendía a éstos llevándose la mayoría del tiempo golpes por los demás. El padre de Manuel huye de su casa y empieza trabajar en un banco hasta lograr un puesto de director. Se casa con una secretaria, madre de Manuel, que era una mujer muy bonita, pero bastante pasiva.

El crecimiento de Manuel se dio en un ambiente en donde no se hablaban las cosas y en donde la agresión se evitaba a toda costa. Se manejaba una situación hacia el exterior como si la familia fuera un modelo de comportamiento en donde nunca se hablaba de problemas.

Manuel fue el más pequeño de tres hermanos y sus hermanos siempre lo molestaban y se burlaban de él. Sin embargo, en la casa no podían acusarse debido a que ambos padres no toleraban agresión alguna y la negaban. Los padres eran negadores.

La madre de Manuel provenía de una familia en donde tuvo 11 hermanos debido a lo cual su mamá no tenía tiempo para cuidarla. Vivió con muchas carencias y añorando que la reconocieran y que le expresaran cariño.

En el caso de Carla, sus padres se divorciaron cuando ella tenía 2 años. Fue la mayor de dos hermanas y la madre se casa con un hombre que abusa de Carla a los cuatro años y cuando ella se lo comenta a su madre, no le cree y la culpa de este hecho. Este abuso lo reprime totalmente y es a partir de la terapia de pareja donde se manifiesta el retorno de lo reprimido y la pareja en un ambiente de protección empieza a trabajar con estos recuerdos ya que en la historia de la pareja se observa cómo, tanto la agresión como la sexualidad, se niegan debido a la psicodinamia de ambas familias.

Manuel reprime la agresión en él mismo debido a la violencia existente en su familia de origen. El abuelo habiendo sido tan agresivo, se negó esta conducta en el padre debido a la violencia del trauma.

En el caso de Carla, justamente a la edad de su hijo, le sucedió el abuso del padrastro y fue a través de la elaboración de lo traumático que la pareja empieza a manifestar sus temores profundos.

Ambos le proyectan estos aspectos escindidos de ellos mismos a su hijo para liberarse de sus fantasmas lo cual hace que vivan una gran dificultad en vincularse.

Al trabajar con sueños, en esta pareja se observaron sueños tortuosos y traumáticos. Manuel tiene pánico a la agresión y Carla a ser agredida abusada sexualmente.

Esta pareja se fusiona para no enfrentarse a sus carencias y utilizan la identificación proyectiva para liberarse de sus dolores.

La transmisión es un trabajo de vínculo, que contiene una demanda de la elaboración a la generación siguiente, de lo que no ha podido ser pensado y que por esto se crean mitos para restituir a la generación anterior a legarla a la siguiente en forma menos condensada y abrupta.

Ambos cónyuges empiezan a reconocer sus traumas infantiles. Los dos transfieren a la analista el rol protector en donde sienten a la terapia como un lugar seguro. Una vez que se trabajaron estas situaciones traumáticas, Carla empezó a transferir a la analista coraje y resentimiento. Se trabajó con ella el coraje que sentía de no haber sido protegida por la madre y haber sido acusada por ésta para no perder a su pareja.

Se trabajó con ellos el cómo ambos tenían tanto temor de vincularse por miedo a repetir lo traumático, sin embargo, lo estaban repitiendo al alejarse, al no permitirse crecer ni apoyarse, y desviando el conflicto al hijo.

La comunicación entre ellos pudo mejorar y aprendieron a decirse lo que les dolía así como a permitir tocarse sin miedo a la desintegración. Esta pareja utilizaba mecanismos proyectivos muy primarios y aprendió a vincularse de otra forma.

Esta pareja pudo integrar la genitalidad con la ternura ya que pudo resolver sus conflictos edípicos, romper con las prohibiciones paternas y lograr una identidad separada.

Según Willi, J. (2004), de los ámbitos de una relación de pareja, los más próximos al amor son la identificación con la pareja, esto es, el intercambio de la conversación, su crecimiento personal y el hecho de superar tiempos difíciles juntos, como en una compenetración de la que nace una historia común que contribuye a que el amor sea más profundo y estable.

REFERENCIAS

Aulagnier, P. (1975) *La violence de l'interpretation*. Paris: P.U.F

Berenstein, I., Puget, J. (2007) *Lo vincular*. Buenos Aires: Paidós.

Berenstein, I. (2007) La noción del vínculo en Del ser al hacer. Argentina: Paidós,

Berkowitz, B., Yager-Berkowitz. S. (2009) *Why Men Stop Having Sex*. U.S.A.: Harper Collins Publisher.

Bion, W.R. (1961) *Experiences in Groups and Other Papers*. London: Tavistok.

Bion, R. (1990) *Volviendo a pensar*. Buenos Aires: Paidó

Chodorow. N.J. (1989) *Feminism and psychoanalytic theory*. U.S.A.:Yale University Press.

Chodorow. N.J. (1994) *Femininities Masculinities Sexualities*. U.S.A.: The University Press of Kentucky.

Clulow, C.(2009)(Ed.) *Sex, Attachment and Couple Psychotherapy*. Psychoanalytic Perspectives. London: Karnac Books.

Dicks, H.V. (1967) *Marital Tensions: Clinical Studies Towards a Psychoanalytic Theory of Interaccion*.

Dio Bleichmar, E. (1998) *La Sexualidad Femenina*. España: Paidos.

Eiguer, A. (1987) *El Parentesco fantasmático*. Buenos Aires: Amorrortu editores.

Eiguer, A., Carel, A., André-Fustier, F., Aubertel, f., Ciccone, Y., Käes, R. (1997). *Lo Generacional*. Buenos Aires: Amorrotu editores.

Estrada, L. (2009) La Transformación de la Familia. México: D.R. Ediciones B México, S.A. de C.V.

Fonagy, P. (2008) *A genuinely developmental theory of sexual enjoyment and its implications for psychoanalytic technique*. Journal of the American Psychoanalytic Association, 56: 11-36.

Freud, S. (1893-95) Estudios sobre la Histeria. *Obras Completas*. (1988) Vol.II. buenos Aires: Amorrortu editores.

Freud, S. (1913-14). Totem y tabú. *Obras Completas* (1988) Vol. XIII. Buenos Aires: Amorrortu editores.

Freud, S. (1914) Introducción al Narcisismo. *Obras Completas* (1988) Vol. XIV. Buenos Aires: Amorrortu editores.

Freud, S. (1921. Psicología de las masas y análisis del yo. *Obras Completas* (1988) Vol. XVIII. Buenos Aires: Amorrortu editores.

Freud, S. (1925) Algunas consecuencias psíquicas de la distinción anatómica de los sexos. *Obras Completas*. (1988) Vol. XVIX. Buenos Aires: Amorrortu editores.

Freud, S. (1926) "Inhibición, síntoma y angustia". *Obras Completas*. Tomo XX. Argentina: Amorrortu editores.

Freud, S. (1916) Conferencia 18. *Obras Completas*. Tomo XVI. Argentina: Amorrortu editores.

Freud, S. (1937) "Moisés y la religión monoteísta". *Obras Completas*. Tomo XXIII. Argentina: Amorrortu editores.

Freud, S. (1920) " Más allá del principio del placer". *Obras Completas*. Tomo XVIII. Argentina: Amorrortu editores.

Freud, S. "Sobre la sexualidad femenina" (1931) en *Obras Completas*, vol. 21, Amorrortu editores.

Freud, S."La feminidad" (1932) en *Obras Completas*, vol. 22, Amorrortu editores.

Freud, S. (1939) Moisés y la religión monoteísta. *Obras Completas* (1988) Vol. XXIII. Buenos Aires: Amorrortu editores.

Freud, S. (1940) Esquema de Psicoanálisis. *Obras Completas* (1988) Vol. XXIII. Buenos Aires Amorrortu editores.

Freud, S. (2007) The *Psychology of Love*. U.S.A.: Penguin Books.

Grier, F. (Ed.) (2005) *Oedipus and the Couple*. London: Karnac Books.

Herman, J. (1997) *Trauma and Recovery*. U.S.A.: Basic Books.

Käes, R., Faimberg, H., Enriquez, M., Baranes, J.J. (1993) *Transmisión de la vida psíquica entre generaciones*. Buenos Aires: Amorrortu editores. Of Love. London: Penguin

Kernberg, O. (1997) *Relaciones Amorosas*. Normalidad y Patología. México: Editorial Paidós.

Lemaire, J. (1986) *La Pareja Humana: su vida, su muerte, su estructura*. México: Fondo de Cultura Económica, S.A. de C.V.

McDougall, J. (1992) *Teatros del Cuerpo*. Barcelona: Tecnopublicaciones.

Marty, P. (1998) *La psicosomática del adulto*. Buenos Aires: Amorrortu editores.

Perelberg, R. J. (Edit.) (1999) *Psychoanalytic Understanding of Violence and Suicide*. London and New York: Routledge.

Roth, M. S. (1998) (Ed.) *Freud Conflict and Culture*. U.S.A.: Library of Congress.

Resnisky, S. (2001) *Psicoanálisis Apde BA*-Vol XXIII-No.1, pp.135-154.

Ruszczynski, S., Fisher, J.(Ed.) (1995) Intrusiveness and Intimacy in the Couple. London: Karnac Books.

Scharff, J. (1992) *Proyective and Introyective Identification and the Use of the Therapist's Self*. N.J.: Jason Aronson.

Scharff, J.S. & Scharff, D.E. (1991) *Object Relations Couple Therapy*. N.J.: Jason Aronson.

Scharff, J.S. & Scharff, D.E. (2003) *Object relations and psychodynamic approaches to couple and Family Therapy*. N.Y.: Routledge.

Scharff, D., Savage Scharff, J. (2005) *The Primer of Object Relations Therapy*. U.S.A.: Jason Aronson, Inc.

Scharff, D.E., Scharff, J.S. (Edit.) (2014) *Couple Therapy*. London: Karnac Books.

Tisseron, S., Torok, M., Rand, M., Nachin, C., Hachet, P., Rouchy, J.C. (1995) *El psiquismo ante la prueba de las generaciones*. Buenos Aires: Amorrortu editores.

Usher, S.F. (2008) *What is this thing called love*. New Yorl: Routledge.

Weiner Davis, M. (2003) *The Sex-Starved Marriage*. New York: Simon & Schuster Paperbacks.

Winnicott, D. (1972) *Realidad y juego*. Buenos Aires: Granica editores.

Willi, J. (2002) *La pareja humana: relación y conflicto*. Madrid: Ediciones Morata, S.L.

Willi, J. (2004) *Psicología del Amor*. Barcelona: Herder Editorial, S.L.

Young-Bruehl, E. (1990) *Freud on Women*. New York: W.W. Norton & Company.

Zoja, L. (2001) *The Father. Historical, Psychological and Cultural Perspectives*. England: Brunner-Routledge.

www.ingramcontent.com/pod-product-compliance
Lightning Source LLC
Chambersburg PA
CBHW052043270326
41931CB00012B/2614